U0476011

中国人文小史

中国史略丛刊

叶鋆生 著

图书在版编目（CIP）数据

中国人文小史 / 叶鋆生著. -- 北京 : 中国书籍出版社, 2019.7
（中国史略丛刊. 第二辑）
ISBN 978-7-5068-7353-6

Ⅰ. ①中… Ⅱ. ①叶… Ⅲ. ①文化史—中国 Ⅳ.
①K203

中国版本图书馆CIP数据核字(2019)第131488号

中国人文小史

叶鋆生　著

责任编辑　卢安然
责任印制　孙马飞　马　芝
封面设计　东方美迪
出版发行　中国书籍出版社
地　　址　北京市丰台区三路居路 97 号（邮编：100073）
电　　话　（010）52257143（总编室）　（010）52257140（发行部）
电子邮箱　eo@chinabp.com.cn
经　　销　全国新华书店
印　　刷　三河市顺兴印务有限公司
开　　本　880毫米 × 1230毫米　1/32
字　　数　91千字
印　　张　4.75
版　　次　2019 年 8 月第 1 版　2019 年 8 月第 1 次印刷
书　　号　ISBN 978-7-5068-7353-6
定　　价　36.00元

版权所有　翻印必究

自　序

我在十年前开始研究本国史时，遂已感着极浓厚的趣味，好似三生石上，早和它结了莫解缘一般，每于三餐、睡觉外，几全埋头在读史里面。可是“中国历史可读耶？二十四史、两通鉴、九通、五纪事本末，乃至其他别史、杂史等，都计不下数万卷，幼童习焉，白首而不能殚，在昔犹苦之，况于百学待治之今日，学子精力能有几者？”（梁启超《中国历史研究法》序言）似此浩如烟海的史籍，势不能不希望有人竭其心力以善读之，然后出其所读者编成简明综要的新史，以供他人的阅读。尤其能将五千年头绪纷繁而和全民族精神有密切关系的文化史实，为系统叙述的著作，可谓为我学界今日最迫切的要求。故翻破各书局所新出版的本国文化史，不觉令人长叹一声，几乎没有一部不是姑备门类，杂乱无序，难予读者以一整个的认识和概念。所以不揣卑陋，看了许多古史，寻了许多史料，蓄意要写一部浅近而明了的文化史。然而此至难的事业，必学识贯通今古，有如炬的史眼，庶几方可期以大成，浅学菲才的我，虽具着“舍大道而莫由”的宏愿，总觉力有所不逮的呢！加之天性懒惰，历数年所辑材料，仅乃得其一部分，迁延不敢轻率下笔。孰知“一·二八”沪战爆发，校课随炮火而停开了，终日坐守斗室，烦闷不过，乃重整往日所积丛残之稿，不觉盈尺。偶为学友所见，力劝取以问世；同时自问我今所研究的结果，虽未必有价值，倘定以完璧相期，则今后更需若干年，自己亦难逆料。语云：“天下事过于矜慎者，往往相持而不下，历久而无成。”因此决意先发表其已写成的一方面，定名曰“中国人文小史”。盖本书仅叙及精神方面的文化，而未说到物质方面的文化，为求名符其实，故不敢有文化史之称。至更要加一形容词的“小”字，则由我今所述的史实，尚不能包举本国一切人文现象，含有俟他日补充完整的微意。

我关于编著本书的动机和经过，大略已说完，最后所不得不申明的，就是本书的材料，除直接采自本国古史外，多由日本今关寿麿所著《支那人文讲话》及中山久四郎所著《支那人文思想》等书译来，著者虽有疏通、编辑之功，终未敢掩袭他山之美。又本书脱稿之后，承大夏文学院长卢锡荣先生校阅一过，多所指示，特并志数言，以表感佩。

民国二十一年双十节前五日著者序于上海大夏大学

目　录

第八章 史学的变迁 / 115

第九章 经学的变迁 / 131

【第一章】文字

凡欲研究一国的事情，必先诵读其书籍，而欲诵读其书籍，尤非先知其文字不可。若对文字尚不明了，则无论任何方法，势必无从着手。所以在研究本国人文史的开始，须从文字方面来考察，便是这个道理。而求知本国的文字，第一应知其形、音与义，换句话说，就是须合知其意义的各方面。但是这种研究工作非常不易，可说是最难的事。从事这种学问的人，常如张之洞所谓“终身钻研，汩没无闻，亦是一病”。要之，欲知本国文字，当从具备其大体的知识为适宜；至于详细的研究，只好让给专门学者。

我国文字在今千八百年前，后汉末叶的时候，有名学者许慎出来，他著《说文解字》十五卷，可算是我国文字学的大宗。我们读其书的序文，便可了解文字的大体。现就文字的起源与沿革及其“六书”构造法，分节简说如下。

第一节　文字的起源及其沿革

我国重要的事物，多脱始于伏羲氏，文字也照样的脱始于伏羲氏。传说伏羲氏作《易》的八卦，为原始文字的创元。后来神农氏施行结绳之政，用种种的绳线，结成不同的形式，以为各种事情的符号。现在冲绳的地方，尚有这种类似事情的遗迹，诚具考究兴趣的问题。嗣后社会逐渐进化，对于世间结绳记事，觉得很不合宜，于是黄帝之臣苍颉，乃参酌鸟兽的足迹，创作文字。所谓“文”是模样，但其模样独成一体；又“字”是“孳乳而渐多”之谓，以补“文”的不足，益增其形与声，所谓由合体而成的。其后颛顼、帝喾、尧、舜及夏、殷、周三代的字形，各不相同，但后世总称为古文。迨至周室中兴的宣王时，史籀出而作大篆。又几经春秋战国之世，诸国各有其文字，参杂百出，甚不统一。秦始皇统一宇内，纳丞相李斯的进言，废止与秦歧异的文字，始成文字统一的大事业。这时李斯作《苍颉篇》，赵高作《爰历篇》，胡毋敬作《博学篇》，皆将史籀所作大篆的字画多者，化为简略，是为小篆。秦始以法律治国，役使事繁，对于小篆的字画，仍嫌其多，不适合事急时的需用，因有程邈之人，以简易为主，创作隶书。按隶书的命名，就是施行于徒隶之间，甚至官厅的小使，亦得容易使用，而极称简便的文字的意义。在当时的文字已有七体：（1）大篆，（2）小篆（以使用于简册为主），（3）刻符（用竹符刻的字体），（4）虫书（模仿虫鸟形而幡书的字体），（5）摹印（施于印玺的），（6）殳书（刻在武器的），（7）隶书（皆以使用于官厅为主）。由是至汉，汉代以隶书便利认为通用文字，自不待言。迨到王莽时代，其使用的文字有六体：（1）古文（但非大篆以前的古文，乃从孔子故宅壁中所发现的古文），（2）奇文（古文而字体稍异者），（3）篆书（即小篆书），（4）左书（即隶书），（5）缪篆（即摹印），（6）鸟虫书（与前述的虫书同）。此外在汉初叶，草书已经发端。其后由隶书变化而造成楷书，是在汉魏之交，魏的钟繇等，曾被人称为其大成者。

第二节　文字的构造与“六书”

根据《说文》所述的文字组织法，对于“六书”的概略，因可察知一二；然而古来议论纷杂，不一其说，直到今日，尚无确定的成说。现在我们仅就其大体申说之。

“六书”的顺序，根据《说文》的序言，为指事、象形、形声、会意、转注、假借。若根据班固之说，则为象形、象事、象意、象声、转注、假借。很多人以为文字的创始为象形，其次指事。但这里是以《说文》之说为根据的。

一曰指事。指事者，视而可识，察而见意，“上”“下”是也。

指事文字，例如“𠄞”“𠄟”为篆文“上”“下”的字，依其放置短一画长一画的“上”与“下”，视之而识其为“上”“下”，察之而见其为“上”“下”之意。与这指事相似的文字，为象形、会意二种文字。不过象形是对于一物而象其形，其字形开始便有一定；指事则指无形的事，其字形始无一定；这是两者最大区别的所在。至指事与会意的区别：独立而成一体的为“文”，合二体而成的为“字”，已经详说于前。今由于会意属“字”，指事属“文”，则对两者的区别，也可判明无疑了。

二曰象形。象形者，画成其物，随体诘诎，“日”“月”是也。

象形文字，是描写某物而象其形，自其形式屈曲来说，好似最简单的图画。“日”“月”的文字为“日”“月”，“日”象太阳，其中的一点，传说是曾现鸟形栖于太阳之中；“月”象弦月，其中的二点，是表现月中的阴影。又“雲”为“云”，是从雨从云，云为回形的；“山”为“山”字，表示有石高出之形。其他若（水）、（草）、（木）、（鸟）、（马）、（鱼）等直接描写其物自身形式的文字，多得难以尽举。这是我国文字的特色，也是我国文字的根源，在字典上首的字，大抵属于这象形文字。

以上二种为文，是产生字的源泉。

三曰形声。形声者，以事为名，取譬相成，“江”“河”是也。

形声文字，系取指事、象形的事物，加写出其声音，而结合成为一种文字。例如“江”“河”二字，由水的旁取象形，由水的声取“工”“可”。这种文字，占居我国文字十分之八以上的多数。

四曰会意。会意者，比类合谊，以见指撝，“武”“信”是也。

会意文字，即于自然中能够会得其意义。例如合成“戈”与“止”二字的意义而为“武”字，合成“人”与“言”二字的意义而为“信”字。又如合成“鸟”与“口”二字，自然表现鸟“鸣”的意义；比合“木”字两个，成为多“木”并立，自然表现“林”的意义，皆其显著的例子。

以上二种为“字”，系由“文”孳乳而成的。

五曰转注。转注者，建类一首，同意相受，“考”“老”是也。

转注文字的解释，至今尚无定说。现依段玉裁的“互训”

说，稍为解释一下：转注是文字与文字互合的解释，恰似由水的彼方来注明此方一样。转注与假借为文字的使用法，之前说的指事、象形、形声、会意四种，则为文字的构造法。

所谓“建类一首，同意相受”，譬如《尔雅》为训诂的书，在其说“始”的条文，如“初”“首”“肇”等字，多不胜举，但这么多的字，均由“始”字而生同样的意义。由此推考，则“考”与“老”同属年老的意义，老而考，考而老，实是互相解释的文字。

六曰假借。假借者，本无其字，依声托事，“令”“长”是也。

假借全为音符的文字，依同一的声音，而化字于无形事物。如“令长”的“令”，为“命令”的“令”，但对发出命令的人，假借而为“县令”等的“令”；“长”为久远的意义，但对长居人上的人，假借而为“村长”等的“长”。又其描写物的音响或鸟的鸣声，假借的字也很多，如伐木“丁丁”、车声“辚辚”、黄鸟“喈喈”。此外写外国语时，常须使用这假借。

“六书”的略解，暂就于此告一段落。要之，《说文》是一难解的书，为文字学的大宗，非用十分的研究不为功。迨至清朝，趋向汉学勃兴的气运，《说文》的研究家辈出，就中戴震（东原）氏与其门生段玉裁，以一生的心血，注成《说文解字》十五卷，对于斯界得有《说文解字注》三十卷。其他关于《说文》的著作，尚多出现，而大抵本著述者（许慎）自身的学问，依其文字组织起来，其抽字的方法虽妙，而实用上颇感困难。后有黎永椿的《说文通检》出世，始稍得解除其困难。

我国文字由《说文》的时代，已呈混乱变化的倾向，曾几何时，今体的字体产生了。但在南北朝时代，文字极端纷乱，试从颜之推《家训》来考察，如其写“恶”字为“悪”，写“鼓”字为“皷”，写“亂”字为“乱”，已很普遍化了。至唐始以今日的楷书为通用文字，由是文字复归统一。不过这时对天子的讳，深禁不用，故改文字之风仍盛。今日尚有写“虎”字为“彪”的人，这便是由唐朝先祖有名“虎”者，故避讳而改写为“彪”字。

我国除上所述的文字以外，没有其他的文字；有之则为宋时割据中原之辽的文字，即契丹文字，或者金的女真文字，元的蒙古文字，清的满洲文字。但是这种文字，因不能代表任何时代全国通行的文字，故无列入的必要与价值。

以上仅主在文字的形方面，而文字除形以外，尚有音与训的问题。不过音方面的音韵学，训方面的训诂学，已成专门的学问，姑且从略。

【第二章】

书籍

我国自古为文字之国，不但书籍的数目，非常浩繁，即研究书籍的学问，也甚形发达。现因其内容复杂，特分为三节说明。

第一节　书籍的目录

书籍的目录，为研究书籍的学问。我国在前汉末叶时，刘向以校订古来的书籍而作《别录》，即所谓《刘向别录》，可算是目录学的鼻祖。自六朝至隋唐，书籍益多，分这等书籍为甲、乙、丙、丁四部：甲部经书，乙部历史，丙部诸子，丁部集类。迨北宋时，《崇文总目》出世，目录的分类，完全成立。清朝乾隆帝时，当编纂《四库全书》的际，作成《四库全书总目提要》。这钦定《四库全书总目》的编纂，系承康熙帝六十年治平之后，在乾隆帝时代，国泰民安，为清朝最盛时期，因念奖励固有的文化，且束缚学者的身心，势所必要，故乾隆帝踏袭康熙帝的政策，编纂种种书籍，卒成《四库全书》。《四库全书》是一极大的丛书，将全国原有的书籍，以类别为经、史、子、集四部，尽收入于《四库全书》中。

这种企图由乾隆三十八年至四十七年，亘十年始告成功，距今已一百五十多年了。《四库全书总目》，即收于《四库全书》中的书籍总目录。但只这总目录，已有二百多卷，合其全部共一万二千二十三部，书籍总数在十七万二千六百二十六卷以上。尚仅为钦定所选的名著，已有这样多的书，若并合古来全数的书，则其数目之多，实在指不胜屈了。当编纂《四库全书》时，有烧弃其书籍的全部者，有拔取其恶点而烧弃之者，则另行编纂其书目，叫做《销毁书目》，同《抽毁书目》。关于《销毁书目》所载的书籍，约百十六种；关于《抽毁书目》所载的书籍，约百八十一种；其卷数之多，自可想像而知了。此外尚有禁止流行的禁书，据《禁书书目》所载的书籍，约有五百三十余种。总合这销毁、抽毁、禁书的书籍，已达九百种以上，大抵皆有相当价值的著述，至其他杂书数目之多，那更足以惊人了。

在《四库全书》中所遗漏而优良的书颇多，据阮元所著的《四库未收书目提要》，共载有百七十多种的书目。现在每年著述的书籍，如山如海地增殖起来。因而书籍的学问即所谓“目录学”，益感有研究的必要。这《四库全书总目》，固属必要而结晶的著作，但以二百多卷的书，对于购带实用上，殊感不便，因有《四库全书简明目录》袖珍本的著作。在今十八年前，张之洞著《书目问答》一小册子，对于前代的名著，近代的好书，《四库》总目的顺序，均可于该书中一目了然，极为学者所器重。总之，书籍的目录，是非常必需的工具，若非细经一涉，则对于所读古书，势必难辨其书的正否。敢望国人如欲研究本国的学问，必先取这《简明目录》或《书目问答》一读，以为读书的南针，这是著者不厌烦而详细说明的诚意。

第二节　书籍的部类

一、经部

经部为我国最所尊重的经书的部类。“经书”的“经”，便是“经常”的“经”，有贯通万古而不可变的意义；又为“经纶”的“经”，登载经纶天下之大道，故命名曰“经书”。要之，经书是对于圣人书籍无上的尊称。但这经书的名称起自何时呢？在周末叶孔子删编《诗》《书》《礼》《乐》《易》《春秋》后，诸子勃兴，各主张其个人的学说，儒家为尊崇孔子所编纂的书，特言之曰“经书”，这便是经书名称的由来。迄至前汉武帝时，有董仲舒学者出，武帝纳其建策，定儒教为国教，对于当时大学，特设讲座，以儒教的书为讲义。所谓儒教的书，即“五经”（《诗经》《书经》《易经》《春秋》《礼记》）。由这时起，始可由历史上考出“经书”之名。嗣后这“五经”逐渐变化，而“七经”，而“九经”，甚有“十三经”的说法。今特分经书为十部类，求得一目了然的便利。

（一）易经

传说伏羲氏作八卦，神农氏重八卦。所谓“重八卦”，是以八乘八变成六十四卦。次周文王作《彖辞》，为说《易》六十四卦的极简单文辞；文王的子周公旦，又作《爻辞》，为详说六十四卦变化的文辞；后来孔子更作《十翼》，阐明《易》的深远之哲理，其事实真伪，姑且不问。而伏羲、神农、文王、周公、孔子的上代圣人皆齐出作《易》，所以到了今日，《易经》还是为人热烈地尊崇。汉代不辨《易》的人，不能为高等官；唐时规定凡不通《易》者，不得居大臣之位，其尊崇的情形，实非我所得想像其万一。至《易》本身来说，是以卜筮为主，充笼圣人诲谕世人的微意。

（二）书类

书类即《书经》类之谓。《书经》的内容，系收集尧舜及夏殷周三代诏敕布令之类。至其古文、今文的争论，详于经学的变迁章，兹不赘述。

（三）诗类

诗类即《诗经》的种类。传说自殷至周共有三千几篇的《诗经》，经孔子取舍择优后，仅有三百十一篇。且孔子所采三百十一篇中的六篇，又未几散失了，故现在仅留三百零五篇。诗的体裁分“风”“雅”“颂”三种：“风”是周代的流行谣，

“雅”是用于朝廷宴会或卿大夫宴会的谣，“颂”是用于宗庙祭祀间的。这种书籍，为研究殷周时代思想、言语、各种社会状态最适当的材料。在研究时，先考察《五经正义》的《毛诗正义》，与朱子的《诗集传》，则大体得以明了了。

（四）礼类

礼有《周礼》《仪礼》《礼记》三种，故称为“三礼”，礼类即指这“三礼”而言。《周礼》有谓为周公旦的著述，但真伪殊难判定。这书的内容，系集录天、地、春、夏、秋、冬六官制的书，可藉以窥见古代圣人治国平天下的理想。天官是记载如今日内阁官制的，地官是记载内政部与教育部官制的，春官是记载司宗庙祭祀官制的，夏官是记载军政部官制的，秋官是记载司法官制的，冬官是记载农工商部之工的官制，今因散亡无存，乃以《考工记》一书代之。至依天、地、春、夏、秋、冬树立官制的理由，则谓天地无私，社会行政，也须法其公正，这可说是我国古代政治的一种理想，故极为后世所重视。前汉末的王莽，以《周礼》夺取汉朝；宋的王安石，也利用《周礼》推行新法。盖《周礼》作于我国大政治家的周公旦，主旨在求富国强兵。其次《仪礼》，也传说为周公所作，可由其中明了周代社会公私百般仪式作法的状况。只惜大部分残缺不全，很少学者去研究。又次《礼记》，关于“礼”的理论或杂记，由孔子弟子或信仰孔学的人记传下来。但至前汉中叶始出，当时篇数颇多，有戴德（大戴）、戴圣（小戴）二学者，出而取舍择优，至今仅有四十九篇。因这《礼记》四十九篇，为戴圣所采取，戴圣是叫做“小戴”的，故称这《礼记》为《小戴礼》。我们欲知周代的制度、风俗、人情、习惯等，则对这《礼记》颇有研究的必要。研究这《礼记》的，有《礼记正义》与《礼记集说》等书。清朝礼学特别发达，其中秦蕙田的《五礼通考》，为最有名的书。

（五）春秋类

《春秋》是鲁史官手录的鲁国历史，曾经孔子加以笔削。其笔削的主意，系由当时周室衰微，诸侯强霸，邪说横行，司空见惯，孔子触目愤慨，乃以极慎重的用意，正其是非善恶，于一字一句之间，暗示褒贬的意义。而其笔法，即为“春秋的笔法”。后来议论纷纷，莫衷一是。异其春秋解释法的，计有三派。这三学派，即所谓《公羊传》《谷梁传》《左氏传》的“三传”，各立门户，互相争辩。《公羊传》由孔子门人子夏传到公羊高，以口相传，至前汉时，始著成书。又一说称为孔子微言之学。孔子著述《春秋》的主意，在《论语》有云：“文王既没，文不在兹乎？”就是文王既然殁亡了，欲以三代圣王的制度而治天下，自非躬任厥职不可的意思。至“三世说”或“三统说”种种的议论，这种学问，在前汉时代，却是很占势力，但后来大衰一时了。距今百年前，由清朝嘉庆、道光间，忽然复兴起来。最近享盛名的康有为、梁启超等，皆奉公羊学，而康梁对于“三世”“三统”之说，把西洋学说加味调和。我们试把“三世说”摘要言之，即公羊学在扰乱之世，升平之世，与太平之世，都可酌量而施行。所谓扰乱之世，是酋长互相割据而作乱的时代；升平之世，则由上种状态逐渐进化；至君主专制、君主立宪的时代，尤为演进，世界仅统治于——帝王之下，万民平等，便为太平之世。孔子将社会人类的进化，分为如此三世，以今日的世界属于升平之世，故我们应大加努力，以求达到最终目的太平之世。这种议论，不但与我国现代思想有极密切的关系，即证诸人类进化的历程，也多吻合的事实，诚富兴趣的问题。至《谷梁传》，与《公羊传》同为大学微言之学，也由子夏口传，至前汉时始成书物，其书重说五行感应之事。以上二传为今文。至《左氏传》，系左丘明征孔子《春秋》之理，说明当时事实，自初即为文字发现于世，属于古文派。因与《公羊》《谷梁》的立场不同，特多烦杂议论。这“春秋三传”与前述的“三礼”，俱为我国思想上、学问上最大的潮流，虽至今日，尚有以“三礼”“三传”为国民思想之中心者。

（六）孝经类

就孔子孝行的意见，由曾子说出，曾子门人笔记下来。因其内容简单，不必赘述。

（七）四书类

宋朱子由《礼记》中抽出《大学》《中庸》，连合《论语》《孟子》，名曰“四书”。后人认为朱子学的根本所在。

（八）乐类

乐即“礼、乐、射、御、书、数”中的“乐”，为正人心最大的利器，颇为古今所重视。在文字上显著的有《乐记》，算是《礼记》中唯一者。至议论雅乐的事，或研究“六律”“六品”的书籍，以及流行歌与其他各种音曲类，概归入子部的艺术类，与这经部的乐类，全然异趣。

（九）小学

前章所述《说文》之学，或正字义的训诂学，或正音韵的音韵学等，因周代取教小学之用，故总名曰“小学”。对于周代教育法的遗意，可藉此考察明了，因特取入经部中。

（十）五经总义类

总括前的《易》《书》《诗》《礼》《春秋》五经的议论，或其注解者。

二、史部

“史”字原为司记录官之名，后来遂变为“历史”的“史”。

（一）正史类

正史是指历朝敕选的历史而言，司马迁的《史记》，原非敕选的，但后世对于敕选正史，准由司马迁《史记》数起，至《前汉书》《后汉书》《三国志》《晋书》等。我国宋时已有正史十七种，明朝增至二十一史，今日合明朝及其他加入的，恰成二十四史，为我国正史的全体。

（二）编年类

我国从前的历史，多为编年体，《春秋》自不待言，是记载其逐年的事实。然自司马迁作《史记》，始改为纪传体。纪传体是本纪与列传并立，本纪以编年体记载帝王之事，列传则网罗当时的名臣而立其传。并合本纪、列传来观察，方能明了当时的状态。前述的正史，皆用这体编成。

（三）纪事本末体

在编年体、纪传体以外，尚有以事业的本末完全集录而便一目了然的，是为纪事本末体，由宋之袁枢所创始。

（四）别史类

除以上三体历史外，尚有一别史类，如《续后汉书》《契丹国史》《大金国史》等。有名的郑樵《通志》，即为其中的一种。

（五）杂史类

这是不属于正史、编年史、纪事本末等类，而又有历史关系的，如《国语》《战国策》及私人的记录等，均收入杂史之中。

（六）诏令奏议类

帝王的诏令或当时官署的布告，及诸官的奏议等，为历史上非常有用的参考材料。故奏议类的书，是历代名臣奏议而优良的书籍。

（七）传记类

收集各时代贤人名士或一技一艺特长人物的传记。

（八）史钞类

史钞系由历史中抄录的书，如《十八史略》等。

（九）载记类

我国本土以外附属国的历史，如《朝鲜史》《安南史》等。

（十）时令类

岁事记、年鉴等属之。

（十一）地理类

地理对于历史，最有密切的关系，这是谁也不能予以否认的，如《大明统一志》《大清统一志》，以及《山东通志》《河南通志》等各省的地理，是为这部之主。又关于黄河、扬子江的记事，或边防记事，或山系、水脉记事，或古迹，或游记，及其他外国地理概要，皆收入这类之中。

（十二）政书类

记载历代的通制，例如《杜氏通典》等。

（十三）职官类

搜录历代的职官制，例如《唐六典》等。

（十四）目录类

目录可分两种：经籍目录与金石目录。经籍目录，即前述的《四库全书总目》等。至金石为殷的鼎、周的钟、汉的碑等目录，是研究历代史极重要的参考物。

（十五）史评类

论评历史的，如《通鉴纲目》，是其适例。

三、子部

诸子百家自成一家学问的书，均收集在内。“子”原是男子的美称，或有德者之称，又弟子对师长所说的尊称，但后来转至《老子》《庄子》《墨子》等，遂变为书籍的尊称。

（一）儒家类

专收集儒家的著述，如《荀子》《文中子中说》，二程子（程明道、程伊川）、朱子等书，以及《近思录》《性理大全》等类。

（二）兵家类

黄帝之臣风后所作《握奇经》，太公望所作《六韬》，孙武的《孙子》，吴起的《吴子》，黄石公的《三略》等皆属之。

（三）法家类

以法律治国的学问，如《管子》与《韩非子》等类。其他若裁判或断疑狱的书籍也属之。

（四）农家类

研究农事的学问，后魏时的《齐民要术》，明朝徐光启所著的《农政全书》，可算是农业专门书籍，自田制、水利至树艺、蚕桑、牧畜，俱为备说。

（五）医家类

黄帝所作的《素问》，汉朝张机的《伤寒论》，以及所谓“汉法医”[①]书籍，和明代李时珍的《本草纲目》等均属之。汉法医为研究草根木皮的药物，有相当价值，惜近人不加考究，卒埋没其效用了。

（六）天文算法类

我国的天文，素重历法，而历法是以推步为第一，故算法随以发达。算法起源很古，《周髀算经》有传说为周公所作的。

（七）术数类

收集关于记录各种术数的书籍，其重要的，为汉朝扬雄所著的《太玄经》，是一种推算数理的论文。又宋朝邵康节的《皇极经世》，以《易》的八卦，当元、会、运、世（一日十二辰，一月三十日，一世三十年，一运十二年，一会三十运，一元十二会，一元天地通），卜世间的治乱。在这术数中，有以气候占卦的，又有家相、人相，及九星、葬式、相墓等类。

（八）艺术类

在这类中，若尽举出书、画、印、棋等来，则种类甚多，这是我国最得意的所在，珍奇书籍不少。

---

① 汉法医，即中医，系日本人早年对中医的称呼。

（九）谱录类

这是剑、砚、墨、香和梅、菊、兰、竹等谱录。在这类书著名的，为《考古图》《博古图》等，因两书均系搜集殷周古器物的绘图。又乾隆帝收贮的《西清古鉴》，也为考证古器物绘图最佳的书，可供博物家、好古家的参考。

（十）杂家类

搜集杂书或随笔漫谈之类。

（十一）类书类

以经史子集类别而成功的一种书籍，例如清朝的《渊鉴类函》《古今图书集成》等。《古今图书集成》系万卷以上的类书，在世界上可算是大部书籍。

（十二）小说家类

关于朝廷行军的杂史类，以及琐事奇闻等。不过其多以正汉文记录，与现今盛行的诨词小说不同。

（十三）释家类

收集关于佛教的书籍。

（十四）道家类

《老子》《庄子》《列子》等道家的书，皆收入其中。

四、集部

我们一读其书，便知其为诗集、文集的部类。

（一）楚辞类

楚屈原的《离骚》，是为楚辞。因后世仿作之人辈出，特立“楚辞”之部类。

（二）别集类一（自汉至五代）

集类有总集、别集的区别：总集是许多人诗文的编集，别集乃某一人的诗文集。别集由作者自集个人的文章、诗歌，或由门人收集。至别集类一，系收自汉至五代间文人、诗人之集，如陶渊明、杜甫、李白、韩退之、柳子厚、白乐天等诗文集，是其中著名的。

（三）别集类二（自北宋建隆至靖康）

这是搜收自北宋太宗至钦宗间的诗文集。在这时代中，苏东坡、欧阳修、王安石等有名大家辈出，名著甚多。

（四）别集类三（自南宋建炎至德祐间）

南宋一代的诗文集，皆收其中。建炎是高宗的年号，德祐是宋末恭宗的年号。其间有朱子、吕东莱、陆象山、陆放翁等名高的人。

（五）别集类四（自金至元）

这是总收自金至元的诗文集。金末元初的元遗山，与元的虞道园等诗文集，颇负盛名。

（六）别集类五（自明洪武至崇祯间）

总收明一代的诗文集。其中刘青田、王阳明、前七才子、后七才子等诗文集，均有一读的价值。

（七）别集类六（清朝）

清朝顺治、康熙时代，大家辈出，文集颇多。

（八）总集类

总集是搜集多人的诗文全部，或摘录其最好的一部，如《昭明文选》《唐宋八大家文钞》，是其适例。

（九）诗文评类

收集诗文的论评，以文话、诗话为主。

（十）词曲类

词曲本为词与曲之二种，但因其大体相通，故总称为词曲。

第三节　书籍的印刷

我国在周代以前，没有纸笔，印版亦未发明，所有书籍的写字，乃击破细小的竹木尖端，使含漆而书于板上，或用小刀刻字在竹简上，用韦革缀拢连起，再于中入心而合成卷，以便保存，这便是今日称书籍为“卷”或“篇”的由来。但这韦革的连缀，常易断绝的，所谓“孔子读《易》，韦编三绝”，就是这个道理。后来亦有写在帛上的书，试一考察“名垂竹帛”的话，便可充分明了了。至秦始皇时代，开始流行刻文字于石上。至木版刻字印于纸上的方法，迟迟未为发明，则由当时盛行口传学问，所谓版行的事，尚无其大的需要。但至秦始皇时，蒙恬始作笔；在后汉末叶，蔡伦煮溶树肤、麻头、敝布、鱼网等类，发明制纸方法；又魏晋时已制墨丸及胶墨，如是笔写书籍，大形便利，纸墨已有长足的进步，竟废竹帛而不用了。惟在隋前的书籍，尚属于写本，没有印刷的。据明陆深的《河汾燕闲录》说：“隋文帝开皇十三年十二月八日敕废像遗经，悉令雕板，此印书之始也。”可知印书之术，盖到隋后才有。

迨到后唐明宗长兴三年二月，历任五代宰相的冯道，始奏命判国子监田敏，将“九经”印行出售，是为监本。所谓“监本”，系指国子监印刷的官版书籍而言。其后历朝沿其故事而设立：宋朝称监，辽称秘书监，金称宏文院，元称编修所，另有秘书监、兴文监和艺文监等。而明则称南北监与经厂，清则称武英殿与古香斋，故清的监本，特有“殿本”或“殿版”之称；然其为御府所印刻，则无不同。又官本，据《中兴馆阁续录》：“秘书郎莫叔光上言：今承平滋久，四方之人，益以典籍为重，凡缙绅家世所藏善本，外之监司郡守搜访得之，往往锓板，以为官书，其所在各版行……”则知其始于宋朝中叶。金时立经籍所，于平阳刊行经籍。元时官本，其在河北，则依金之旧，设局平阳；其在河南，则设于杭州、绍兴、平江、信州、抚州诸处，刻书甚多。明时，则自南北两京起以至各地方，盛行雕刻，凡官司到任者，必刻新书数卷以为例，其有数年任满不刻一书而去者，则众目为俗吏；其他官署、学校、书院均争刻书，各藩王之校刊古籍者亦多。清时，则在各地设官书局，刊行甚众。

而家塾自刻书籍，则王明清《挥尘录》说：“蜀相毋公，蒲津人。先为布衣，尝从人借《文选》《初学记》，多有难色。公叹曰：‘恨余贫，不能力致，他日稍达，愿刻板印之，庶及天下学者。’后公果显于蜀，乃曰：‘今可以酬宿愿矣。’因命工日夜雕版，印成二书。复雕“九经”、诸史，两蜀文字，由此大兴。……是时其书遍海内。初在蜀雕印之日，众嗤笑，后家累千金，子孙禄食，嗤笑者往往从而假贷焉。”可见私家刻本是始于五代之末，其后相继出现。

至于出版书籍的贩卖，则创始于唐末建安余氏。而宋时镂版的地方，在吴、越、闽三处，以杭州越版为上，福建麻沙版最下，其他蜀本亦有名。金元两朝，官设的书籍多在平水，故坊肆一时群聚于此；惟吴、越、闽的书，仍不减于宋朝。明时则燕京、金陵、阊阖、临安，为书籍四大集散地；而吴会、金陵，最擅名于文献，刻本甚多，钜册繁聚。

书籍的印刻，既然如此盛兴，则大需求活版的发明了。据沈括的《梦溪笔谈》说："庆历中，有布衣毕昇，又为活板。其法用胶泥刻字，薄如钱唇，每字为一印，火烧令坚。先设一铁板，其上以松脂、蜡和纸灰之类冒之。欲印，则以一铁范置铁板上，乃密布字印，满铁范为一板，持就火炀之，药稍熔，则以一平板按其面，即字平如砥。"由此可知活版确系创始于宋仁宗时，惟据胡元瑞的《少室山房笔丛》，则谓从无有以药泥为之者，乃用木作活字；又元王祯亦传易以木字一事，陆深则记为铅字，其沿革不得而详。及至明朝，乃始用铜活字，以无锡的兰雪堂华氏、桂坡馆安氏等特著。清朝使用铜活字尤盛，如《古今图书集成》一万卷，即以铜活印成的。可惜这种铜活字，不久为政府铸钱的关系，概行镕销了，现在已很难看见其陈迹，诚为可叹的一回事呢！而清高宗时，武英殿的聚珍板，实以枣木活字而印刷者；他若《四库全书》十几万卷的书籍，亦系以木活印刷成功。

至欧洲各国在十五世纪以前，尚未发明木版的印书；竟至十五世纪初年，哈尔兰人珂司忒尔始发明木版印刻方法；到了一四三六年，曼慈人约翰·古田伯儿始发明金属活字，从一四五〇年后，才用活字印书；继而斯屈拉司布尔格人拍迭儿雪或儿，又发明活字的铸造，在一四六二年后，遂见用于欧洲各国。

我们从历史上的观察可见，印刷术的发明，是以我国为最早，木板印刻约早欧洲八百年，活字印刷约早四百年。而我国最近的印刷事业，反退后而让他人前进，不能永保优胜地位，真令人言之痛心无穷了！

至距今三四十年前，由西洋传入石版印术，甚为流行，对于书籍的装印出售，粗见兴盛，可用很廉的价格，购读珍贵的古书；惟体裁尚未臻于至善之域，敢望书业同人，加以改进是幸！

【第三章】

书道

我国从前的书法，除实用外，尚含美术性质；又因士大夫阶级多善于写字，故特见重于世。

书道是写字的技术及其一切有关学问之总称。我国从前的书法，除实用外，尚含美术性质；又因士大夫阶级多善于写字，故特见重于世。至关于研究书道的书，则以《佩文斋书画谱》为最著名。凡书道上的书体、书法、书学、书品以及历代书家传记，均详明其书中。因此特仿其例，以说明书道的大体。且历代书家的传记，常于书品中，附有短评，特又抽录包世臣的短评，庶可藉知历代书家概略的传记，并窥见各书家的书风。

第一节　书　体

书体有古文、篆书、隶书、八分和楷、行、草等类，试读韦绩所纂五十六种的书体，或梦英所论十八体书，则书体如何的多，自可不言而知了。但在其中所举的书体，大抵出于好事家的假托，并非一般通用的。现在我们仅就普通使用的书体，略为分类说明如下。

一、篆书

篆书有大篆、小篆二种：大篆，周宣王时史籀所作；小篆，秦的宰相李斯等所作。大篆传至秦时，已经废去，当时人都以小篆为通用文字。迨至汉代，对于秦代所造的隶书，固参用为通行文字，但小篆也未完全废去，遂为楷隶书体的起源。至写篆书的名人，汉初有曹喜，汉末有蔡邕，以后渐次衰颓了。唐时虽有李阳冰的名家忽然出现，但大体来说，依然是衰而不振的，仅于印章方面应用篆书，而不久也灭亡了。后隔八百年传至清朝，始有邓石如等人，出而复兴。

二、隶书

隶书为秦汉时通用文字，因汉末的灵帝，好尚这种书体，故写隶书的名人辈出。这种文字，从秦汉时代以来，发生不少的变化，在魏的初年，则全然变了，卒与篆书构合成为楷隶，不久即变为楷书。

三、楷书

楷书又名正书或真书。在后汉章帝时，王次仲参酌篆书和隶书，作成一种叫做楷隶的字体，其后逐渐变化，遂成今日的楷书。当王次仲初作楷隶时，世人极称便利，自然广行于世间，但传至后汉末叶，已生多少的变化，在石刻之中，可以找出楷书的字迹。魏的钟繇、邯郸淳等，传说是这楷书完成之人。

四、草书

据后汉蔡邕所说：秦时战争屡起，文字的使用浩繁，以字画繁多的小篆，不合于急时应用，因此简略小篆，而作篆隶；然后尚以字画难写，不能适用于急速之间，乃更由篆隶而作草书。草为“草率”的“草”，又“草稿”的“草”，如是草书流行于世了。但自前汉武帝三传至元帝时，有史游者，出而作急就章，这便是“章草”文字的滥觞。就这章草传说的话：当后汉章帝时，有杜度善写草书的名人，因章帝爱其草书，故以得名。这种传说是否确实，殊难判定。不过章草若从其每字的分写来观察，则谓为较隶书快写的，实可肯言。至这种分开所写的，是别于章草，称为“独草”。又在杜度以后，有张芝的续写草书，是为“连绵草”。迨至王羲之时代，又把这章草一变，遂确立今之草书体。

五、行书

这种书体，系在后汉灵帝时，刘德升由正书、草书间特别写出一种字体，一名叫做“行押书”。这行书后由晋的王羲之、王献之二人，始告完成。

六、八分

关于八分，古来有多种说法，颇难判其是非。惟据普通流行之说，则以后汉的蔡邕，除去隶书八分而采其二分，除去小篆二分而采其八分，作成这个字体，故以“八分”名之。又宋徽宗的《宣和书谱》，也是这种说法。自两汉至唐的金石类，对于篆、隶、行书的字体，均有写过；而这八分字体，则到处找不出其遗迹来。但至唐代，这八分书始见流行了，其字体颇似隶书而成波势。要之，八分是伴时代的变化，而为书名的变化，今之楷书，便是昔时隶书之谓；今之隶书，又是昔时八分之谓。据最近康有为的说法，将前说与后说打成一片：秦篆变石鼓字体，而采其八分；前汉的人，又将秦篆变化而采其八分；后汉的人，更变化前汉的而采其八分；结果便产生了这种名称。所谓八分，系指其程度而言。总括一说，八分的字体，不管各人如何地解说，其与隶书有极密切的关系，这是谁也不能予以否认的。

第二节　书　法

书法系关于写字的法则，最初讲究这法则的，算是后汉的蔡邕。蔡邕所著述的《九势》，即是讨论落笔、转笔、藏锋、藏头等九种法则；然而果否蔡邕所作，殊难断言。其次晋时卫夫人的《笔阵图》，颇为名高。卫夫人取李斯等的笔法，附合自己的考究，而成七个条（原寓贻教子孙的意义）。

其七个条：

一 如千里阵云隐隐然，其实有形。

丶 如高峰坠石磕磕然，实如崩也。

丿陆断犀象。

乚百钧弩发。

亅 万岁枯藤。

㇏崩浪雷奔。

㇆劲弩筋节。

在这《笔阵图》之后，尚有唐太宗的《笔法诀》，与欧阳询的“八法”等。八法即以卫夫人的七个条，加入一法。至于笔法享盛名的，为“永字八法”，就是“永”字初笔的丶曰“侧”，第二笔的亠曰“勒”，第三笔的亅曰“努”，第四笔的亅曰“趯”，第五笔的氵曰“策”，第六笔的氵曰“掠”，第七笔的永曰“啄”，第八笔的永曰“磔”。至其各个法则的传来，系由楷书完成时而成功的，张芝、钟繇、王羲之等，均受这传授。迨隋的智永，更敷衍其旨趣，而授于虞世南，如是渐次传播于世间了。然而今传的八法，则说是由唐的李阳冰传下。在李阳冰的言辞上，有王羲之以十五年功夫，学习一“永”字的话，但其真伪，很难保证。又有颜真卿由张旭所授秘法十二意的传说，因其多由书家的口传，又属写字时的实际问题，姑且从略。

今将元朝郑杓的书法流传图，介绍在下，以资参考。

书法流传之图

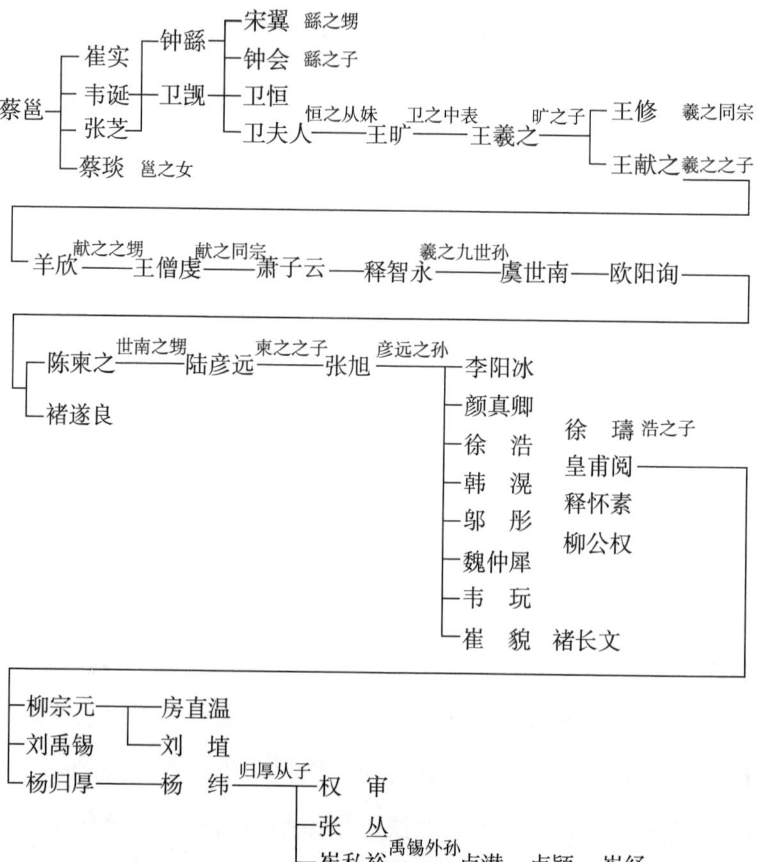

上图自蔡邕至崔纾，皆亲相接受；惟蔡邕毅然独起，可谓世间豪杰之士。

要之，所谓笔法传授，自六朝至唐，实为事实上非常主要的。又执笔法也属严重问题，其特殊名高的为“拨镫法”。这拨镫法，是研究怎样持笔的问题，各人意见不同，很难分别清楚。但据普通之说：“镫”为马的镫，“拨”是抽拨而回转。乘马时足浅置镫上，则为能乘马者；同一理由，执笔时以中指与食指轻抑于笔，则容易活动自如，手掌成为圆形，恰似镫一样。故拨镫法，即是如何拨镫的方法。这种学说，载于《书苑菁华》一书中。在这拨镫法以外，尚有欧阳询的三十六法，或书诀等，非常繁多，直至元朝，还多出现。在清道光年间，包世臣著有《艺舟双楫》一书，其中执笔法与结字法多属专门问题，不便详为介绍，敢望有志于书道者，自为寻出参考好了。

第三节　书　学

书学是研究书道的学问，古来叫做“论书”，今日非改称“书论”，颇难分明，惟实际来说，总以叫做“论书”为正当。

这种论书，以唐朝孙过庭的《书谱》，宋朝姜夔的《续书谱》最为著名。至于元明，这种著述甚多，不胜枚举，其中董其昌《画禅室随笔》论书，很为有趣。洎乎清代，亦多产生，其中阮元的《北碑南帖论》与《南北书派论》，同前述的包世臣《艺舟双楫》，一样名高于世。此外根据这书的主张，更立一家的见识，则为康有为的《广艺舟双楫》，今日尚属盛行。这书与前书，同为北碑派的中坚。

第四节　书　品

书品是品评书家的笔迹，而判定其优劣，可谓为今的编号一般。在南齐时代，王僧虔作《论书》，对于宋晋间的名家，以极简单的文章，致其论评。梁武帝也有《古今书人优劣评》，自钟繇、王羲之以下三十余人的书家，概用短文，加以批评。又庾肩吾作《书品》一书，这便是“书品”名词的由来。在这《书品》中，将草书、楷书的书家百二十八人，分为上上、上中、上下、中上、中中、中下、下上、下中、下下九个阶段，并加以短评。唐朝书道勃兴，品评盛行，初有李嗣真作《书后品》，将李斯至唐书家八十一人，分别论评为十等，以张芝、钟繇、王羲之、王献之四人为一类，叫做“书圣”；此外上的上品，上的中品，上的下品等，共分九品。次张怀瓘作《书断》一书，分为神品、妙品、能品三阶级，以论断自晋至唐的书家；又作《书估》一书，研究书家的价格，这便是书家价格论的滥觞。据这书说，当时王羲之的字，流行极端，曾有某大官倾其数百万贯的财产，始寻得羲之手写行书五张。今日书画的价格，所谓发财关头，惟好名闻而无节制，如是不学无能之徒，群以卖字为标本，深受识者所指弹。不过张怀瓘的时候，为唐玄宗时代，是我国文艺的大发达期，因鉴赏书道的奥妙，特提高其价格。其他仿作的“书品”或“书断”，继续产生，至宋以后，渐告衰颓。迨到清朝，包世臣作《国朝书品》，将清朝诸名家，大别为神品、妙品、能品、逸品、德品五类。神品一人，为邓石如的隶书和篆书；妙品三人，邓石如的八分和楷书，刘墉（石庵）的楷书，姚鼐（姬传）的行书属之。

第五节　书人传与短评

关于书道最初名高的人，固不得不举李斯，但此则由后汉末叶蔡邕论起。

蔡邕 蔡邕书，骨气洞达，爽爽如有神力。

后汉灵帝好书，书家于以辈出，惟以蔡邕为第一。当时所立石经，固不消说有蔡氏的笔迹，而其笔迹传至今日，尚有《郭桂宗碑》与《西狭颂》等。

张芝 张芝书，如汉武爱道，凭虚欲仙。

张氏为蔡邕同时代的人，因其为草书的名手，故有呼之以“草圣”者。传说他曾有“临池学书，池水尽黑”的逸话。由此传到三国时代，则秦汉以来第一人的钟繇出世了。

钟繇 钟繇书，如云鹄游天，群鸿戏海，行间茂密，实亦难过。

今体的楷书，系由钟氏所创始。其笔迹传下的，有《宣示表》《荐季直表》《贺捷表》等，尤以《宣示表》为最佳。又吴的皇象，名也很高，《天发神谶碑》传说是其笔迹。

兹附带略述秦后书体的变迁。秦篆字形完整，渐成圆角，化繁杂为简略。至后汉字形，一变而为破磔，篆书与隶书全然分离，汉隶于以告成。然至汉末，又取篆书的圆形，一变而为楷书。在这前后之间，行草的字体，也渐近于完成。由是再传至晋，卫夫人出幕了。

卫夫人 卫夫人书，如插花舞女，低昂美容；又如美女登台，仙娥弄影，红莲映水，碧沼浮霞。

书道为晋代特色之一，非常精工而巧妙，由此推考当时的思潮，极好文采风流，自无疑事。所以在这时代，竟产生这卫夫人以女性而为书界名家。据说王羲之的师匠，就是这卫夫人。

王羲之 王羲之书，字势雄逸，如龙跳天门，虎卧凤阁，故历代宝之，永以为训。

王羲之为书道的大成者，凡谈起书道的话，无不推崇王羲之为第一人。在我国历代帝王中最英明的唐太宗，曾对羲之作如下的批评：

> 所以详察古今，研精篆素，尽善尽美，其惟王逸少乎？观其点曳之工，裁成之妙，烟霏露结，状若断而还连；凤翥龙蟠，势如斜而反直。玩之不觉为倦，览之莫识其端。心慕手追，此人而已。其余区区之类，何足论哉！

实际言之，羲之的笔迹，如现传的《乐毅论》《黄庭经》《兰亭序》等篇，确足为学书者的模范。《乐毅论》与《黄庭经》是小楷，《兰亭序》是行书，此外有名的草书，尚有《十七帖》。

王献之 王献之书，如河洛间少年，虽皆充悦，而举体沓拖，殊不可耐。

献之为羲之之子，与父并称“二王”。其笔迹，以小楷的《洛神赋》，最为名高。这父子二人，不但是书道的冠冕，而其大成真、行、草三体，尤为不可忘的功劳者。

在这父子之后，著名书家，则为梁的萧子云了。

萧子云 萧子云书，如上林春花，远近瞻望，无处不发。

六朝末叶，智永诞生，他是王羲之七代之孙。说书道的关系，以晋为祖，以唐为子，自六朝至唐的一大关键。其笔迹，有《真草千字文》。由是传入书道黄金时代的唐朝。

唐朝因好书的太宗、玄宗帝王辈出，书道特别盛行，竟达六朝以来的顶点。在这时代，始设书学，开以书登用人才之路，同时公然取用楷书为通行文字。因此关于书界人才，有彬彬然辈出之势。在初唐时，有所谓“贞观的四家”，即欧阳询、虞世南、褚遂良、薛稷四人。

欧阳询　欧阳询书，如虎饿而愈健。

欧氏出自羲之门下，八体的书，无一不通；但今人所尊重的，是其楷书。《九成宫醴泉铭》与《化度寺碑》，特别著名。

虞世南　虞世南书，如白鹤翔云，人仰丹顶。

虞氏由智永而受羲之的笔法，曾为太宗书法之师。其笔迹，以《夫子庙堂碑》与《汝南公主墓志》等，最为有名。

褚遂良　褚遂良书，如孔雀归佛，花散金屏。

褚氏学习虞世南书法，极其巧妙而美观，其《雁塔圣教序》，有人说是唐代书法的唯一者。

薛稷　薛稷书，如雏鹄具千里之志。

薛氏学褚遂良书法，很负盛名。

次至玄宗时，因玄宗好字形的丰满，书界受其影响，于是肥而整的字体，大为流行。如颜真卿、李邕等的书风，均属这类。

颜真卿　颜真卿书，如耕牛稳实而利民用。

颜氏为节义显著的人，书风极其温厚，曾被称为正人的模范。但其书风变化无穷，所谓“一碑一面貌”，即于每一碑上，必异其书法。其笔迹在楷书方面，以《宋璟碑》《中兴颂》等为著名；在行书方面，则《争坐位帖》可算是唐代名帖之一。

李邕 李邕书，如熊肥而更捷。

李氏是行草书中的名手，曾被人呼为“书仙”，苏东坡、赵子昂等，都很受其影响，董其昌有“右军（羲之）如龙，北海（李邕）如象”的话，是直认其与羲之相匹敌。

在这诸人同一时代，又同写肥厚的书风，尚有苏灵芝者。只因其为世间俗书，卒无很好的评价。迨中唐后，书风又一变化，渐为尊崇清劲，柳公权即其代表者。

柳公权 柳公权书，如关雎，挚而有别。

柳氏是颜真卿以后的第一人，当穆宗问书法时，答以“用笔在心，若心能正，则笔自正”，诚为名言。又柳氏满心力求变化羲之的书法。

除以上诸人外，如张旭、孙过庭、怀素等，皆为一代杰出人物。惟篆书自晋以来，渐形衰颓；至李阳冰出世，始对这书法，示以长技。

由唐而至五代，书界遂呈不振的状态，仅有梁的杨凝式，颇为苏东坡所感服。

宋代的书界，可算是苏东坡、黄山谷、米元章的舞台，对于唐代书风的结构，重见一大变化，以置重意态为主。虽蔡襄依然维持唐风，然终敌不住这新潮流。此等四人，称为“宋的四大家”。

苏轼 苏轼书，如丙吉问牛，能持大体。

苏轼即东坡，秉赋诗文的天才，固不待言，其书法也算是宋代第一位。有人评其书风近于颜真卿，直至元明清，均极流行于世。其笔迹，以行书的《醉翁亭记》最为名高。

蔡襄 蔡襄书，如子阳据蜀，徒饰銮舆。

蔡氏遵守唐风，深入虞世南的堂奥，曾被人称为可居于“宋代颜真卿”的位置，这种短评，似讥其固守唐风所致。

黄庭坚 黄庭坚书，如梁武写经，心仪利益。

黄庭坚即山谷，其书风颇似柳公权，最重风韵，有说得自六朝陶宏景所传笔迹的《瘗鹤铭》者。

米芾 米芾书，如张汤执法，比用重轻。

米元章、米海岳、米南宫，皆为这人的名。他在四十岁前，刻苦研究古人的书风，故对其书有由“集古字”而来的评语。至四十岁后，融合诸家的书风，纵横变化，自成一家，卒为著名的人。惟其书风，颇似褚遂良。总之，宋代的书界，纯为苏东坡、米元章二人的舞台，而举其特色，则在行书与草书巧妙之点。

次至元代，有名的赵孟頫出现了。

赵孟頫 赵孟頫书，如挟瑟燕姬，矜宠善狎。

赵子昂系苏东坡以后第一人，虽至今日，尚多受其影响者。

他的书风，有“简札如羲之，碑版如李邕”的美称。虽说这种评判，似属夸大其辞，但其结构的笔迹，确为巧妙而美观。元朝除赵子昂外，尚有鲜于枢、虞道园、康里子山等名高之人。

洎乎明朝，明的书风，大抵受子昂的影响，优美者多，而少刚健。其特征在于行楷书的精工，而草书也不能说无名高的。行楷多属子昂的流派，草书则属张旭、怀素的流派。

祝允明 祝允明书，如戎人斫布，不知麻性。

祝允明一名祝枝山，因其右手六指，故得是名。其书狂草，非常奇巧而奥妙。

文徵明 文徵明书，如风舞琼花，泉鸣竹涧。

文氏主学子昂而加味。宋代书风，溯及于晋唐，近及明末，有所谓“四家”出现，即邢侗、张瑞图、董其昌、米万钟四人。又王铎也出来了。

董其昌 董其昌书，如龙女参禅，欲证男果。

董氏书风，以颜真卿为主，而大字学李邕。其见识之高，有“凌于米元章而置赵子昂于眼下”的评语。

以上所述历代书家小传和短评，大体根据《佩文斋书画谱》，而这书画谱系由康熙帝的勅撰，故未举及清朝书家，今依个人所知的，略为一说。

在清朝康熙、雍正年间，因明代的引续，与康熙帝的嗜好，董其昌的书风，大为流行，其次米元章也颇流行。既而至清朝全盛期，乾隆、嘉庆年间，以赵子昂为主行，杂及颜真卿。这种倾向，系由乾隆深爱赵颜书风，当官吏登用试验时，受验者的笔迹，每以帝中竞为合格，故受验者竞习赵颜书体，即所谓院体书的起源。后来赵子昂势力渐衰了，乃加味欧阳询，转重颜真卿、柳公权。而至末叶，则仍习欧阳询与赵子昂，书风整齐，以致圆润为鹄的，是为院体书的变迁。另一方面，在乾隆、嘉庆年间，有学宋元法帖而得大成者，即张照（得天）、刘墉（石庵）二人，这二人均由董其昌变化而来的。此外法帖家，以梁同书（山舟）、王文治（梦楼）等，颇负盛名。又这时代，《说文》研究盛行，金石学问抬头，于是帖学顿呈活动的气运，阮元的《南北书派论》《北碑南帖论》，开其先河，卒由翁方纲（覃溪）成立书界舞台。迨道光后，倾向六朝碑学流行的时代，有名的邓石如（完白），为应时代的需求而出现了。后包世臣著《艺舟双楫》，大扬北碑的气势。至咸丰、同、治光绪之代，这北碑派的势力，尤形扩张，从包的门下，出有吴熙载（让之）、赵之谦（撝叔）等名家。但是对于南帖派方面，也非全无人物，不过赶不上北碑派声势罢了。又有学颜真卿的何绍基（子贞）、翁同龢（松禅）等人辈出。最近吴昌硕（苍石）学石鼓文字，极其巧妙；杨守敬（惺吾）由唐的遗墨，翻立一旗帜；罗振玉（叔言）掘出殷墟龟卜文字，穷极篆籀来源，其影响于将来的书风，如何变化，实是一有兴趣的问题。

【第四章】

宋以前的绘画

我们对于绘画问题研究法，一若书道问题，大体根据《佩文斋书画谱》，先将其分为画体、画法、画学、画品与画人传等类，再就各类之下，说明其历代演进的概况，庶得推知各时代绘画的倾向，及其代表画家的传统状态。

第一节　画　体

书画的起源，同出于象形文字，一面看其为文字，另一面看其为模样；这种模样，即为绘画的初步。象形文字，已详说于文字章内，系如“日、月、山、川、草、木、鱼、鸟”等字，这种文字，为我国文字的特色，也是我国文字根本的所在。我国文字由象形文字进化而大篆，而小篆，而隶书，而八分，遂成今日的楷书、行书和草书。画也由这文字所出发，原为辅助文字效用的一种机关，渐次独立，卒成我国艺术界大部分的绘画。故古来学者谓书的元祖，为黄帝史官仓颉；画的元祖，为黄帝史官史皇；然以仓颉为画之元祖，也无不可。书体方面，有篆、隶、真、行、草等的不同体式，一目了然；而画是描写天地间万物的状态，颇难立其体式的分类，惟就画的本体勉强分类，则可暂分著色画与墨画，密画与疏画的区别。然此仅由个人主观所假定。至画界的区别画体，系就其描写事物而分类，古来大抵这样，如古时分画十三科，即其分类法之一。不过这种分类法，由于人或时代关系，自有种种不同。画的十三科：（1）佛菩萨相，（2）玉帝君王道相，（3）金刚鬼神罗汉圣僧，（4）风云龙虎，（5）宿世人物，（6）全境山水，（7）花竹翎毛，（8）野骡走兽，（9）人间动用，（10）界画楼台，（11）一切傍生，（12）耕种机织，（13）雕青嵌绿。这十三科初见于书籍上的，是在明初的《辍耕录》。但是元代讨论这十三科的事，不但出有诸种书籍，即以这分类法，比较宋徽宗《宣和画谱》的分类法，则由来也很古了。《宣和画谱》的分类法：（1）道释，（2）人物，（3）宫室，（4）番族，（5）龙鱼，（6）山水，（7）畜兽，（8）花鸟，（9）墨竹，（10）蔬果。这分类法，颇似近代的分类，因较十三科完备多了，然欲借用于现今的画体分类，仍有不妥地方。故不得不以自己意志来分类，以助自己的研究，将其区分为人物、山水、故实、动植、楼阁、地图六种。如此分类，固不能概括今日绘画的全部，乃仅取古代画的画题与画材，分列于这六类之中，请读者切勿误解！

一、人物

人物画为宋代以前绘画之主，试观画十三科中的佛菩萨相、玉帝君王道相、金刚鬼神罗汉圣僧及宿世人物四科，固可归入这部类内，即绘《列女传》人物，推至圣贤像，孔子及门生七十二人。功臣像，汉唐时代麒麟阁、凌云台所画的，以及高官名士各种人物的肖像，仕女素描的美人画，也皆收入这部类中，故其种类甚多。我国古代的绘画，多属这人物画，当时原是社会教育的一法，绘其善事恶事、善人恶人，以示劝善惩恶的意义，有所谓“像教”的话，非特加重视不可。

二、山水

山水昔为人物画或楼阁等的补景，后来逐渐发达，自六朝至唐，始为独立。盖秦汉以来，群求长生不老之术，神仙思想流行，一转而道教也流行了，由其影响所及，六朝便有山水画家出现，至唐的李思训、王维，遂告大成。如是从前人物画占据画界大部分，由这时起，则全变其位置，而以山水画占据画界大部分了。在山水画方面，有李思训所画的金碧山水，王维所画的渲淡山水（即水墨山水），及南宋以来的青绿山水各种。

三、故实

这是绘前代事物而画出其历代事迹，如《三礼图》可见《周礼》上土地的制度，并从宗庙、宫室、服制、车马、器物等模型的绘解，得以观察《仪礼》《礼记》的真像。又《王会图》系诸蛮夷羡慕中华德政，由各国来朝献贡的图；或“封禅图”，为我国帝王最盛仪式，与《泰山封禅（祭祀名）图》等皆尽收入这类中。他如农桑耕织情形的“豳风图”，自然也以归入这类为宜。故这种故实画，是绘画中最切实用的，其效果正与用文字表现的文章相等。

四、动植

这是关于动物、植物的画，固不待言。自曹不兴以来专成一科的龙画，唐代最盛行的马、牛，宋代后许多名家所画的花卉、翎毛，以及蔬、果、兰、竹、梅、菊等类均属之。此固注重墨画，然也非无著色之物，如苏东坡用朱画竹，便是一例。此外对竹方面，尚有二重画的钩勒竹。总之，这动植画，种类繁多，屈指难数，而名手也继续辈出，虽至今日，尚颇流行这类的绘画。

五、楼阁

所谓“界画”或“界作”，均指这楼阁画而言。在这类中，有汉的《未央宫图》《甘泉宫图》种种，其目的一若故实的绘画，将其实物画出，而补文章的不足。这种绘画，是隋唐画界的特色。

六、地图

这是绘画地理的图，其目的同于故实画，亦带有实用的意义。地图的画法，同多用平面图，然对于山必画出山形，对于水必画出水形，对于城市必画出城市形状，对于要塞必画出要塞形状。又鸟瞰图最古者，可算是道教用的《五岳真形图》。我国宋初的地图，非常伟大，但以毛细笔描绘山川城邑的模型，极其彩色的奇丽；尤其海洋，以巧妙手腕，画出波浪形势，令人赞赏不止。可惜这绝好之物，现在已多散亡不在了！我国往昔的地图，多含一种绘画情味，因其饶有兴趣，特立这一类。

除上述六种普通区别外，尚有一不可忘的，就是装饰用的模样画，如供南唐李后主装饰用的“铺殿花”“装堂花”，即其显著的例子。铺殿花系画花写于绢上挂在殿中用的，装堂花是以规则排列花的位置，使其花模样化。此外的壁画，自印度传入后，在六朝后半期，尤其唐代特别流行于世，被称“画圣”的唐代吴道子，即这壁画的大家。

第二节　画法

画法盛行于世的有“六法”，对于这“六法”的事，始见南齐谢赫的《古画品录》序中，即是（1）气韵生动，（2）骨法用笔，（3）应物象形，（4）随类赋彩，（5）经营位置，（6）传模移写。其中，（3）的“应物象形”是以形为主，有写生的意味；（4）的“随类赋彩”由同一描写，而异其彩色；（5）系关于取画位置；（6）系取其画义；这四项事，古来无甚议论。而议论即在（1）与（2）两项上。但归纳其议论，则以人物画为主，如烟润情态种种不同的曲解，因而骨法也议论杂出了。不过山水画，至唐兴盛，由五代董源、巨然等传到宋李成，直及近代，日益流行。而谢赫著《古画品录》时，山水画尚未为画界所重，其当时所见重于画界的，实可说是人物画。故这气韵生动与骨法用笔，非从人物画去考察不可。兹就人物画来考察，所谓“气韵”，即人物的气韵，凡画必有其人的气韵，而其人的气韵，必须使其活跃画上。至骨法用笔，是于人物画的轮廓上，以书法绘画，换句话说，就是“钩斫法”，以线画其轮廓，次第加上色彩。又因用笔法画线，于是产出描法来了，如“高古游丝描”，即其一种。后来画界形势，渐次倾向山水方面，由其倾向，而引入“六法”，议论愈为纷起。我们倘欲明了其原故，则不仅限于这六法，而对其区别上，实有由历史上研究的必要。

山水画法著名的，为唐王维的《山水诀》，其论山水画法，须注意当时的风景，所谓“远岫与云容相接，遥天共水色交光”“酒旗即路当高悬，客帆遇水宜低挂”。又在《山水论》云：“凡画山水，意在笔先。丈山尺树，寸马分人。远人无目，远树无枝。远山无石，隐隐如眉；远水无波，高与云齐。”自远近法写起，渐次论及春夏秋冬的风景，以及夜景晓景的变化，颇有兴趣，堪称一种美文。但从另一方面来说，欲对王维的书，下一适当评判，则实非易事。迨至唐末五代时候，荆浩的《笔法记》出世，这便是画界笔法论的创始。此外墨画山水，渐有横断画界的倾向，惟本章主在说明宋前的绘画，故山水方面，暂留后章再说。

第三节　画学

画学是网罗关于绘画种种的著述，以论画为主，即今所谓的“画论”。我们从宋前画学的著述来说，则屈指一计，不得不先举唐代张彦远的《历代名画记》。这书凡十卷，自画的源流说起，直及唐代画道消长之迹；又“六法”的事，南北朝画的传统，以及画的价格鉴识法、收藏法、阅玩法、装帧法等，也附加论评；且自古至唐三十余画家的小传，概行汇集；有志画学的人，诚有一读的必要。在这书后，尚有宋朝郭若虚的《图画见闻志》。总之，关于宋前所有的画学，概载于《历代名画记》中，只惜这书仅收入《津逮秘书》的丛书内，没有其他单行本，其形不便。除这《历代名画记》外，如《贞观公私画史》等书，也颇有参考的价值。

第四节　画品

“画品”的“品”，即是“品评”的“品”，将诸家的画位，加以相当的品评。画品最古的，要推南齐谢赫的《古画品录》。这书将六朝初期由吴曹不兴至南齐间代表画家分别等级起来，其分法，自第一品至第六品，凡六等二十七人。谢赫因将古称“画圣”的晋朝顾恺之坐居第三品的第二，宋朝陆探微坐居第一品，遂莳后世争论的种子。后有眺最的《续画品》，把宋、齐、梁画家二十人，分别等级，试加短评，而其著述的主眼，即由谢赫推陆探微第一位，而贬落顾恺之，为抱不平而作是书。再续这二书的著作，为唐代李嗣真的《画品》，自汉末至唐初代表画家，分为上品上、中品中、下品下九等，以陆探微居上品中的第二，顾恺之居中品上的第五。这顾、陆二人始终变化，皆由评者自己意志为判定，试观张彦远的话：所谓“从偏爱顾者来观察，自以顾的方面较胜；反之，从偏爱陆者来观察，则又以陆的方面较胜”。便可证明其非客观态度了。除上三种著述外，尚有唐僧彦悰的《后画录》，他由南北朝至唐贞观年间，列举画家二十七人，分等加评。其次朱景玄的《唐朝名画录》出世了，这书援张怀瓘《书断》之例，将唐代画家百二十六人，分为神、妙、能三品，三品中又各区别上、中、下三等，总计九等。除三品以外，另置“逸品”名称，品评那不拘泥常法的画风。后至张彦远时代（唐末），传说董伯仁、展子虔与阎立本、吴道子画的屏风，值金二万或一万五千；杨契丹、阎立德画的扇，值金一万；但这种价格，系当时有识绅士所收买名画相当的价格，非真若今日的卖画价格，其那种高价，实含有宝画的意义。

第五节　画人传与短评

兹由各种画品中，选录其对历代画人的短评，俾读者可知代表画人的略传，并得一瞥宋前的绘画史。

我国由象形文字所进化而成立的绘画，渐次发达。在尧舜时代，已于衣服上附着其模样。至殷武庚，因其梦见名臣，乃绘其容貌，而向全国寻求，由此人物画发达的程度，也可推知其一斑了。迨到周末，人物画极端流行，试从楚屈原所作的《天问》来考察，在祭楚先王或公卿庙祠内，曾见绘有天地山川的神灵和古圣贤的像。后传至秦，因阿房宫的建筑，一般艺术界大受其影响，固不待言，而绘画方面，也因受其影响而演进了。次及汉代，比较汉代的文化，以武帝时为最盛。当时张骞始入西域，由安息国带回葡萄和石榴，汉代天马葡萄镜的模样，即由那里变化来的。在这时代的当中，增广画的用途，常绘功臣像于麒麟阁。武帝殁后的不久，又有毛延寿人物画的名家出来，因故意丑绘王昭君美人的肖像，乃被斩于市而死了。毛延寿系尚方画工，后世的画院，便由这尚方画工而变来的。洎乎后汉，因明帝爱好画学，且当时佛教传入国内，渐次佛教画流行了。

可惜这时代的画品，现在求一也不可得，只能于石刻中，看出其一些遗迹，如山东肥城县李堂山祠和嘉祥县武梁祠的石刻，便是其例。这等石刻，至今犹存，读者或得亲见的机会。且武梁祠的石刻画，曾有摹印出售，故无说明的必要。后汉衰亡，而至三国，三国之中，其建都江南的吴国，产出曹不兴大家，如是江南遂为画人的渊薮。考其原因所在，则由江南山水明媚的惠赐。江南画家的元祖，可算是曹不兴，他大得人物画的巧妙，尤其擅长画龙。

曹不兴　“不兴之迹，殆莫复传。惟秘阁之内，一龙而已。观其风骨，名岂虚成？”（《古画品录》）

三国统一而入于晋，晋的卫协，出自曹不兴门下，世称佛画的元祖。其道释人物，评价皆高，为一变我国绘画之人。

卫协　“古画皆略，至协始精。“六法”之中，迨为兼善。虽不该备形似，颇得壮气。凌跨群雄，旷代绝笔”。（《古画品录》）

由卫协门下，产出顾恺之大家。顾为六朝三大家之一，实是非常人物，其特色在于人物画，而禽、鸟、龙、虎、山、水等也佳。

顾恺之　“格体精微，笔无妄下，但迹不逮意，声过其实。”（《古画品录》）

“长康之美，擅高往策，矫然独步，终始无双。有若神明，非庸识之所能效；如负日月，岂末学之所能窥？”（《续画品》）

晋为五胡所逐，避落江南，是为东晋。如是汉民族履上江南风景的好处，思想上大起变化，所谓六朝金粉的华丽文字，非常流行；同时道教、佛教盛行，隐迹山林的隐者风气，日增月长起来，故山水画渐由人物画的背景，而得独立的机会。后晋亡于宋，在宋朝时代，六朝三大家之一的陆探微产生了。据“六法”所载，陆氏始以书道运笔法，应用于绘画上。他的作品，多属人物画，绘佛像和古圣贤像。

陆探微 “穷理尽性，事绝言象，包前孕后，古今独立，非复激扬所能称赞。但价重之极乎上，上品之外，无他寄言，故屈标第一等。”（《古画品录》）

次及于齐，谢赫产于是时，因为人物画的泰斗，其画风一时风靡于世。前说的“六法”，始见于这人所著《古画品录》中。

谢赫 “貌写人物，不俟对看。所须一览，便工操笔。点刷研精，意在切似。目想毫发，皆无遗失。丽服靓妆，随时变改。直眉曲鬓，与世事新。别体细微，多自赫始，遂使委巷逐末，皆类效颦。至于气韵精灵，未穷生动之致；笔路纤弱，不副壮雅之怀。然中兴以后，象人莫及。”（《续画品》）

又次至梁，有六朝三大家之一人张僧繇出来。其绘佛像圣贤像，最为酷肖。当时梁武帝好信佛教，引起佛画的流行。武帝命人至印度模写祇园精舍佛像，如是印度壁画传入中国，因而印度的画风，也渐流行于内地了。张僧繇所创的“没骨皴”，便是由印度画脱胎而来的。

张僧繇 “善图塔庙，超越群工，朝衣野服，今古不失，奇形异貌，殊方夷夏，实参其妙。俾昼作夜，未尝厌怠，惟公及私，手不停笔，但数纪之内，无须臾之闲。然圣贤瞻瞩，小乏神气，岂可求备于一人？虽云晚出，殆亚前品。”（《续画品》）

前述诸人，均为南朝的人。至北朝方面，所称为“北朝第一”者，则为北齐的曹仲达。他是佛像名家，唐朝阎立本曾说其为人物画的大成者，可见其画法的高妙了。

曹仲达　“师依周研，竹树山水，外国佛像，无竞于时。”（《续画录》）

北朝自北齐至后周，而隋始并合南朝，统一全国。这时以楼阁、人物秀出一时的，是为展子虔。其对人物的描法，以彩色绘人颜容，活泼若生。唐代画风，多由这人所流出。又董伯仁，也为楼阁人物的妙手，堪与展子虔相匹敌，但因其所居，缺乏山水之助，系居于军幕中，故较逊色一点。

展子虔　“触物为情，备该绝妙，尤善楼阁人马，亦长远近山川，咫尺千里。”（《后画录》）

董伯仁　“综涉多端，尤精位置。屏障一种，无愧前贤。”（《后画录》）

要之，隋画的特色，在于楼阁，即所谓“界画”。而炀帝显仁宫、汾阳宫之大筑，穷极一时地奢靡，可说是有相当关系。在隋代中，尚有郑法士、孙尚子等，亦为人物画名手，画界于以大盛。

迨至唐代，唐初受隋风的影响，多长于楼阁、人物，当时致密而巧丽的画风，甚为流行，阎立本可作其代表画人。阎氏绘有《十八学士图》《凌烟阁功臣图》，非常著名。其兄立德，传说也为画中妙手。

阎立本　“学宗张郑，奇态不穷，变古象今，天下取则。”（《后画录》）

唐代玄宗时，为全唐极盛时代。当时以诗来说，既出李白、杜甫大天才家，复有岑参、高适等诗人，一变原来的诗格，而创造今体。同时画界也有吴道子，集前代画技的大成，充实壮大的旨趣，对于人物、鬼神、楼阁山水，均甚工巧。其发明的“吴装”，于焦墨之中，施以淡彩。汉魏六朝以来占居画界大部分的人物画，自吴氏后，渐次降落而衰了。又重故实而与文字同效用的实用式古画，也从此杂入想象，渐变为鉴赏物了。

吴道子　“古今独步，前不见顾、陆，后无来者，授笔法于张旭，此又知书画用笔同矣。张既号书颠，吴宜为画圣，人假天造，英灵不穷。众皆密于盼际，我则离披其点画；众皆谨于象似，我则脱落其凡俗。弯弧挺刃，植柱构梁，不假界笔直尺。虬须云鬓，数尺飞动。毛根出肉，力健有余，当有口诀，人莫得知。数仞之画，或自背起，或从足先，巨壮诡怪，肤脉连结，过于僧、繇矣。”（《历代名画记》）

与吴道子同一时代，尚有李思训、王维二人，盛画山水，如是山水画勃然兴起，有夺人物画位置的趋势。李思训系唐的宗室，以细而劲的皴法，绘画山水，并用青绿石画具和金箔、金粉等，所谓“金碧山水”，由此创始了。其子昭道，更用细描法来绘山水。这种画风，系由展子虔、阎立本而演进的。但其创造渲淡墨法，一变钩斫法，主在神韵缥缈以绘山水画的，是为王维。后世称这派为“南画”或“文人画”，前之李思训一派为“北画”。

李思训　“著色山水，用金碧辉映，自为一家法。其子昭道，变父之势，妙又过之。”（《画鉴》）

王维　“胸次潇洒，意之所至，落笔便与庸史不同。”（《画鉴》）

此外动植方面，如马的名家，有曹霸之人，其门生韩幹、韦偃，也颇著名。又韩滉、戴嵩二人的牛，边鸾的花鸟，均为一时杰作。边鸾系唐代第一的花鸟家，宋代的花鸟画，概由其所流出。迨唐亡而至五代，山水画家、花鸟画家辈出。但因其对宋后的绘画，发生密切关系，特留下章说明。

曹霸　“曹霸人马，笔墨沉着，神采生动。”（《画鉴》）

边鸾　“唐人花鸟，边鸾最为驰誉，大抵精于设色，浓艳如生。”（《画鉴》）

【第五章】

宋以后的绘画

本章的主眼，在详叙自宋至清绘画的概略，特重山水、人物方面，与前章分类，稍为差异。

第一节　宋后绘画演进大势

唐朝为人物画大成、山水画独立的时代，而花鸟画，也于是时莳种萌芽了。迨至宋代，接续前代的遗泽，在宋初花鸟画界，出有黄筌、徐熙两大名家，山水画界也出有董源、李成、范宽三大名家，如是山水花鸟，遂得空前未有地发达。且仁宗、徽宗，深富绘画的趣味，立策奖励，因此百尺竿头，更加一层地发达。所谓扩张画院制度，设置画学，均在这个时期。而这时期，正是花鸟画的黄金时代。徽宗骄奢的梦，虽为金兵一击，尚未醒觉，卒造成崩于五国城的悲剧，北宋于以告终。其子高宗，流落汴梁（即今之开封），建都临安（今之杭州），是为南宋。高宗也深具绘画兴趣，在和战声嚣之间，尚开画院，以集画师。这南京画院的画，以山水画为主，院画的山水，实以这时为第一。故宋代通北宋、南宋成为绘画的全盛时代。原来唐画的本旨，在求与文字同为实用的物，自这时代起，已全失实用性质，玩赏绘画之风，勃然兴盛起来。

次至元画，一切绘画，仅为宋代的余波。换句话说，便是画界一变迁的过渡时期。惟山水画为明、清、南宋画先驱者，有高克恭、黄子久、王蒙、倪瓒等人；花鸟画为明朝花鸟界开山者，有钱舜举等人。又人物画，前代主绘道释，而这时代，则显示趋人历史画、风俗画的倾向。

代元而起的，是为明朝。明朝系汉民族驱逐蒙古族而统一中国，学术文学的兴盛，自可不言而知。即绘画方面，也称旺盛。复兴画院，宣、孝二宗先后好画，其画院所招集的名手，堪与宋徽宗、高宗的两画院，前后赛美，呈现相对的现象。当时画院的画风，大抵山水方面，以南宋院体画为主；花鸟方面，以黄氏体即北宋院体画为主。至明中叶，出有沈石田、文徵明等山水画家，吸收元末四大家的画风。迨到万历年间，这派人才辈出，遂呈横断一代画界的趋势。明末董其昌、陈继儒等续起，卒达流行的绝顶。董其昌自任士大夫画的大成者，立南北两宗的区别，这派称为“吴派”。吴派画人，大抵文章家，常弄笔墨，鼓吹尚南画贬北画（即院画）的议论，其风的盛行，大有靡然一世之势。

清承明代的遗泽，画界中心的山水画，系接董其昌系统，固无待言。当初代表人物，为“四王吴恽”，即王时敏（烟客）、王鉴（廉州）、王翚（石谷）、王原祁（麓台）、吴历（渔山）、恽寿平（南田）等六人。惟其中恽寿平，是花鸟的大家。至清朝的内廷供奉，所谓画院的画风，固不脱南画范围；然不失于南画的放恣，描法极其精细巧致，这可说是由明末染受西洋画的影响。即后来倾于花鸟画的写生，也多少带有其影响的关系。

第二节　宋后的画体（山水花鸟）

前节关于宋后画界的大势，已经概括叙及。本节再就其山水花鸟的画体，略为一述。

一、山水画

自古附属于人物、楼阁的山水画，渐次独立，至唐已呈其大成，如李思训父子的金碧山水，王维、郑虔等的渲淡山水，及王维一派的王洽新创泼墨法，均其显例。自唐末至五代，这倾向尤为显著。例如，荆浩折衷笔法和墨法，自成一家；其门生关仝所绘秋山、寒林、村居等画，穷极巧妙手段。关氏生于长安，受地形的影响，其绘山水，能现出山的几重之几重，诚为古今特色。这荆、关二人，后世合称“荆关”，系一变唐代山水画，而推移宋代山水画的大家。宋初由荆关门下，造出李成、董源、范宽三大家，这三大家，有人说是我国古今独步的山水画家。李成好写平远的寒村，因用直擦皴法，卒被评为惜墨如金者。其后郭熙继起，所著《山水训》，自古称为绘画山水的范本。即世传“三远”的高远、深远、平远画法，亦由这人所创始。董源生长画的本场江南地方，水墨类似王维，著色近于李思训，最巧秋岚远景，不用际立笔法，天真烂漫，神气活现，所绘作品，多属江南风景，以小树木点缀成形，有“墨势淋漓，溢出纸上”的评语。其门生巨然，也颇著名，米芾的画法，即由这人点缀而成功的。又范宽从师李成，为学其造化，移居终南山与华山之间，目击山云烟状，风月阴霁的变化，而绘于纸上。时人评论李成之笔，近视如千里的遥远；范宽之笔，远望也不离坐外。总之，前述之人，均对五代以来勃兴的笔墨山水，表现折衷旨趣。然自米芾一出，则新立一机轴，变化王洽泼墨法，与董源的画方，以行草书法，绘画云山烟树，后世因呼为“云山元祖”。其子友仁（小米），在南宋初叶，画名甚高。故“二米”的画风，颇多影响于后世。

按上所述，南宋高宗好画，画院于以复兴。惟北宋的院画，是以花鸟为主；至南宋的院画，则以山水为主。南宋画风，史称“北宗”，因李思训金碧山水的中断，赵伯驹、赵伯骑兄弟兴起，使用纤笔，绘画青绿山水，非常巧致而整齐。此外在画院的李唐，高宗评为足与李思训相对比。后至宁宗年代，有刘松年的画家，笔法细润，色彩润丽，颇善于画。同时马远脱化于李唐，使用简笔，另学吴道子的兰叶描，以水墨描画树干，硬立石角，与同时代的夏珪，创立水墨苍劲一派。这二人的画风，几度变迁，明朝戴文进等，传说即由这派所流出。

到了元初，有名的赵子昂出世，多画人物和鞍马，又善绘山水。而其山水，系学晋唐的古画，多用高古游丝描，不用泼墨，常以书法绘画，尤其所用飞白法绘石，古今传为名话。在这时代，尚有高克恭，其画系变化宋初李成、董源等，更继米芾父子，别出手法。除此以外，则为南宋院画之祖而善绘青绿山水的钱舜举了。惟钱氏系花鸟画的泰斗，故须在叙花鸟时再说。元的山水画，以“元末四大家”为代表，即黄子久（公望）、王叔明（蒙）、倪云林（瓒）、吴仲圭（镇）四人。黄子久字一峰，又号大痴，由董源、巨然的变化，自成一家，画趣逸迈，盛称于世。其所绘的对象，大抵二种：一为浅绛山水，山顶笔势，极其雄壮；另一种为水墨，绝少皴纹，笔意简古。王叔明别号黄鹤山樵，因为赵子昂外孙，特得其风韵，且混和董源和王维，于墨法秀润上，加以有趣的书方，而其特别致密之处，在于叠合山水至数十重，另绘树木数十种，云烟起兮径路连，极备山林的幽致。人物也佳，故后世称赞其画，为四家中最优善者。倪瓒号云林，脱化董源，参酌米芾，深富疏淡简劲之趣，堪称元代逸品第一人。吴仲圭号梅花道人，主学巨然，用笔古劲。要之，这四人，以简淡高古的旨趣，寄于笔墨法间，大变宋风，而作元格，为明清南宗画的先河。

洎乎明代，为山水画盛行的时代，画派百出，颇难区别。以大体而论，则可分为吴派、浙派、院体画派。

（一）吴派

从元代的引续，尤其承元季四大家流的明朝诸画家，强半吴人，因此称为“吴派”。这派明初已很盛行，但至明中叶沈周（石田）、文徵明（衡山）二人诞生，更为勃然大兴，自嘉靖至万历后画界，殆全为这派的独占场。沈石田是以绘画游戏为旨趣的人，不拘泥任何法规，始学王蒙、黄子久等，继由高克恭会得“二米”风趣，未几，遂与倪云林同趣了。文徵明主学石田，兼习赵子昂、倪云林、黄子久等画体，而参酌南宋的李唐。其得意笔法，在于巧致，而其气韵神采，有为明代第一的定评。至明末董其昌、陈继儒等，均属吴派的大成者，一方面深得董源、巨然的笔意，极苍老秀逸之趣；另一方面兼长草画，但于草画之中，也具苍老秀逸之趣。

明末以来，对于南画、北画的派流，大有党同伐异的倾向，议论纷杂，莫衷一是。而这种区别的由来，系由董其昌说起，今特从董氏《画禅室随笔》中，摘出关于南北画议论二则，以供参考。

> 文人之画，自王右丞始，其后董源、僧巨然，李成、范宽为嫡子。李龙眠、王晋卿、米南官及虎儿，皆从董、巨得来。直至元四大家黄子久、王叔明、倪元镇、吴仲圭，皆其正传。吾朝文，沈则又遥接衣钵。若马、夏及李唐、刘松年，又是李大将军之派，非吾曹易学也。

> 禅家有南北二宗，唐时始分。画之南北二宗，亦唐时分也，但其人非南北耳。北宗则李思训父子着色山水，流传而为宋之赵幹、赵伯驹、伯骕，以至马、夏辈。南宗则王摩诘始用渲淡，一变钩斫之法，其传为张璪、荆、关、郭忠恕、董、巨，米家父子，以至元之四大家。亦如六祖之后，有马驹、云门、临济儿孙之盛，而北宗微矣。要之，摩诘所谓“云峰石迹，迥出天机，笔意纵横，参乎造化”者。东坡赞吴道子、王维画壁，亦云：“吾于维也，无间然。”知言哉！

在吴派之中，尚有几个别派：即顾正谊出入于元季四大派，而起华亭派；赵左折衷董源、黄子久、倪云林三人，而起苏松派；再由苏松派中，又产出沈士充的云间派。

（二）浙派（明代院画）

南宋院画体的水墨苍劲派，至明代戴文进复兴了。戴氏学马远与夏珪，又兼李唐所长，除精绘山水外，尚善人物花鸟。后被宣宗召入画院，一变南宋浑厚沉郁之趣，而发挥健劲之趣，曾有明代第一人之称。嗣后有见召于宪宗画院的吴伟（小仙），传受其笔法，与沈石田齐名，因其风行于当时，故其门流甚多。除末流江夏派外，尚有蒋嵩、张路等人继起，于焦墨枯笔的粗豪间，绘物甚形颓唐，因被吴派指弹为狂态邪学，遂向衰亡气运。不过平心论之，这派固多不良现象，而其特长所在，也殊难一笔抹杀。

（三）院画的别派

这派是南宋院体画的青绿巧整派，除作细丽的青绿山水外，尚长金碧界画，设色人物。举其代表作家，有周东村、唐六如等。不过世人虽将六如归入南画系统内，而六如的画风，实较东村富具文雅的旨趣。总之，东村、六如等的画风，系由李唐、刘松年的院画风，而至吴派的过渡物。

清初承明末的遗泽，以董其昌为中心人物，故仍属吴派独占场。若说其代表人物，则为“江左四王”中的“三王”，即王时敏（烟客）、王鉴（廉州）、王翚（石谷）。王时敏为爱董其昌的人，精通黄大痴描法，所以当时的画界，尊崇为绘画的正统。王鉴是明代王世贞之孙，最得力于董源、巨然。这二人因同乡兼亲戚关系，互相提携，共同研究，遂得画道开继的功绩。至师事这二人而融合南北两宗的王翚，论其画法，系发挥清丽笔墨的妙趣；论其目的，是以元人的笔墨，运于宋人的丘壑，并加几分唐人的气韵。所谓虞山派，遂由这人所出发。又“四王”中的王原祁（麓台），系王时敏之孙，除深受祖学外，最善黄大痴的浅绛山水，因其书卷之气（即士气）溢于笔端，甚得学者间的好评。其门下人才辈出，黄鼎（尊古）最为著名，这派称为“娄东派”。此外尚有变化石谷的吴历，巧画淡色山水，以开拓一新境。在这“四王”之外，又有几个流派，如自罗牧（饭牛）所出发，而用壮快笔法的一派，是为江西派；自萧云从（尺木）所出发的一派，是为姑苏派；自释弘仁所出发的一派，是为新安派。

要之，清朝康熙时代，纯继明末的南画，即所谓“四王吴恽”的吴派大成。迨至乾隆，渐呈变化状态，明末所注重笔意笔力的画风，这时却主向印象方面演进，不拘任何大家，概作趣味的画风。在嘉庆、道光年间，因王麓台出世，而描写素人的画风于以盛行，极具洒脱的旨趣。至咸丰、同治间，内乱外患，日相紧逼，因力的含蓄，遂呈悲壮的画调。洎乎清末，百事不振，画界也起衰颓现象，但这时我国画道广播欧美，大受西洋人欢迎；同时古画的研究风行全国，关于艺术出版物，日益繁多，山水画方面，也于这时别开一生面了。在最近民国成立后，不但艺术界深受西洋文化影响，起了莫大的变化，即主在研究画学的美术学校，也林立于各地了。敢望这多研究画学的人们，除采取西画新法外，务须努力发扬光大本国的原有画道，幸勿弃同敝屣，任其日趋衰颓气运，是所切盼！

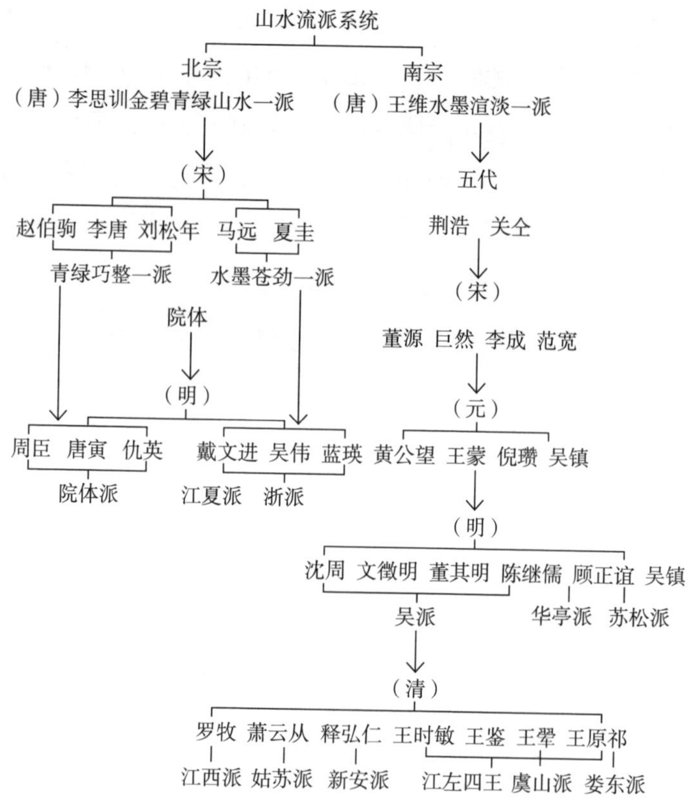

二、花鸟

唐代萌芽至宋繁茂的，是为花鸟画。按前所述，唐的花鸟画，以边鸾为第一，次有刁光胤、滕昌祐等。这等人的产生，适际唐末五代纷乱之间，但在流离之中，仍得保护艺术田地，诚为难而可贵的事。由是传至后蜀、南唐间，后蜀、南唐的君主，均好奢靡，而尚绘画，因生黄筌、徐熙等名家。这二人直到宋代，为宋代花鸟的大成者。黄筌曾入后蜀孟昶绘所，后又见召于宋太宗的绘所，其花竹翎毛，纯由写生造成。至其画法，先事钩勒，再于画中填入彩色，特备优美生动之致，故他画法，大影响于后代花鸟界。徐熙出于南唐名族，曾事风流而长书画的李后主，后入于宋，与黄筌对比为花鸟画大家，其对后世的影响，也不劣于黄筌。徐氏的画法，与当时流行所用色彩绘画花鸟，颇不相同，乃先以墨描写，然后施上少许色彩，能取笔法的配合，复得色彩的调和，使其状宛然生物一般。这黄筌、徐熙二人，世称花鸟画的双璧，而其相异点，则正如俗谚所谓“黄筌富贵，徐熙野逸”。盖黄筌主绘禁庭的奇花珍禽，嵯峨怪石，极其富贵情趣。徐熙则到处描画水鸟、闲鱼、野竹、幽花，大发挥野逸的风格。但总括二人来说，诚堪称为花鸟界空前绝后的人物，而互取二人的长所，是为徽宗花鸟画的趣味。

黄筌的子黄居寀，承宋太宗眷遇，出仕绘所，加力父的画法，极钩勒填彩的巧妙，世人称为怪石山景而特具绝妙的人。其画法，开北宋院画的一体，臻富贵庄丽的顶点，卒成所谓“黄氏体”者。至郭熙的孙郭崇嗣，在画院体外，发明没骨写生的画法，深具轻淡野逸的情态，恰与画院对抗，这即所谓“徐氏体”。没骨画是不用墨笔，直以彩色绘成的。北宋的画院，自神宗起用黄氏体后，至崔白、崔悫兄弟出来，顿生重大变化。

而徐氏体方面，自赵昌出后，以猿画享盛名的易元吉，目睹赵昌的画，立志注重实物写生，遂成名于一世，米元章称其为徐熙以后第一人，其名望之高，自可不言而知了。

迨至元代，花鸟画的名手，有钱选（舜举）、王渊（若水）二人。舜举是赵子昂学画的师匠，其花鸟画，由赵昌、易元吉脱胎徐氏体的没骨画，遂开明代花鸟画的先河。若水受画法于赵子昂，专修黄氏体的钩勒法，而作绮丽的绘画。除此二人外，尚有赵子昂叹曰“黄筌再生，亦不过此耳！”的陈仲仁和盛懋等。盛懋系仲仁的子，陈琳的门生。

至明的花鸟画，自须先举边文进、吕纪。这二人祖述黄氏体，而更立一机轴。边文进主在写生，注意叶的正反面情态，凝苦心于彩色研究，且以笔钩勒，并重墨法。吕纪则于鹤和孔雀配合间，杂以花树美景，而其绘树笔法，颇似浙派的用笔。对于当时山水画流行的用笔用墨法，多少影响于花鸟画，于此也可推知了。不过当时除此优丽作品外，若沈石田、王问等，用一种简易率直的画法也多。又有以水墨描写花鸟的林良，笔力雄劲，好似草书一般，这便是花鸟写意派的元祖。这种写意派，陈淳（道复）也属其中的有名者。由是以后，钩花点叶体一派兴起，它是折衷黄氏体的钩勒法与水墨写法，乃用钩勒法绘花，而书法绘叶的，其代表者为周之冕。

清朝继续明代流行的画风，计有黄氏钩勒派、勾花点叶派，及其演进的写生派。至花鸟大家“四王吴恽”的恽寿平（南田），系由徐氏体变化纯没骨派而最注意写生的人，所称清代画界特色写生的正派，普通称为常州派。较恽寿平早生的人，尚有王武（忘庵）；较其后生的人，也有蒋廷锡（南沙）。此外更有以《小山画谱》的作者邹一桂（小山）出来，其《百花卷》的花叶画法，及绘具的使用法，概受西洋画影响。而其画法，以石绘具作花卉，并参用淡绘具，使那石绘具高出绢上，甚为美观。再受西洋画法影响而最要注意的人，便是寄居康熙画院的焦秉贞，在《桐阴论画》说："工笔花卉，精妙绝伦。盖西洋界画之精细，偃仰凹凸，阴阳向背，直与造化同功，国初以来之第一人。"可见焦氏的画风，所给清代花鸟画界极重要的影响，自可深信无疑了。至清末的赵之谦，其书道之法，系包世臣的门生，为北碑派屈指可数的人物；但在另一方面来说，却是画道的达者，不视古来法则，纯然作印象派画，诚足为人注目。最近的吴昌硕，因熟达石鼓书法，每以篆隶绘画花鸟，其著色在求色彩的浓厚，除笔力、墨、色彩色外，尚大发挥其隐郁思想，溢出于画上。这人的画，谅读者早有所见，恕不赘述。又沈铨（南苹）的画风，置重钩花点叶派的写生，曾游日本数年，受其影响者有熊斐、宋紫石等。张辛（秋谷）也属这派的人。

总之，花鸟画起于唐代，至北宋徐黄，始告大成，徽宗时代，算是达到流行的绝顶；俟传至明朝中叶，稍生变化，更因清代受西洋画法的影响，而造成写生一派了。而最近则又名手辈出，直向西洋方面宣传出去。

除山水花鸟画外，若人物画自明代起特殊流行的风俗画、美人画，以水墨戏绘的四君子等，本应归在系统内加以相当说明，只因内容纷杂，为篇幅所限，只好割爱不叙了。

【第六章】

文学的变迁

我国民族，古来对于文学的尊重，有极浓厚的倾向，无论任何时代，均呈现文学的风行。因而文学变迁的情形，也极复杂无比，欲加以详细说明，实非容易的一件事。今特把其变迁的状态，大别分为四个时代：第一，文学创始的时代；第二，词藻流行的时代；第三，理论文流行的时代；第四，词藻与理论文并行的时代。以极简单的笔法，概括地叙述在下。

第一节　文学创始的时代

我国文学肇始于夏前，惟夏以前的文章不传于今，莫由知悉。而如《尚书》的《尧典》《舜典》《禹贡》等篇，系夏的史官所作；若《汤诰》，若《洪范》，则传说为殷人所作。我们试取这些文章来观察，便可知夏、殷两代文学的进步了。迨至周朝，文辞日益华美，杰作不少；传到春秋战国，遂呈一极大伟观，其内容的丰富，后世竟无超出于领域者，实是中国文学史上最黄金的时代。盖当春秋战国之际，周室衰微，强国崛起，经过贵族专制的时代，而庶民阶级豪杰之士，及树立一家见识的学者或思想家，继续辈出，文学于以大发达，开空前所未有的盛况。先就孔子传统的儒家来说，则孔子的弟子曾子作《大学》，曾子门人而孔子之孙子思作《中庸》，又子思的门生孟轲出而作《孟子》七篇。这等儒家所写的文章，均以理论为主，能将自己思想，平易地表现于文字间，使为世人所理解，是其特长的地方，可称后世理论文的鼻祖。且《大学》《中庸》《论语》等书，皆能贯彻主意，保持蕴蓄。虽说《孟子》稍形差异，以纵横无穷而锐利的语气，说破诸家学说，然其中仍含意义深长之处，与苏秦、张仪等诡辩家，大为异趣。在孟子之后，荀子继出，他的文章，优容不迫，语气畅达，充笼诗人的情味，较诸孟子极锐语气，实为有趣的对照。其次道家，殆与孔子同时代的老子，其著《道德经》文章，非常简约，酷似记录孔子言行的《论语》。道家除《道德经》外，尚有《列子》和《庄子》，《列子》气象稳和，其文辞趣味处，多少有点近于《荀子》；《庄子》则纵横自在，巧弄辩舌，机锋敏锐，波澜百出，为文纵逸奇变，神绝莫可言喻，允足为诸子中的杰出者。此外法家，以齐管仲所作的《管子》为代表，文章极端平易，意求无论何人，均能彻底了解其道理；只以其时代尚在孔子之前，文字过于简约，今日披读其书，颇多意义难通之处。又法家韩非子的文章，悉为理窟，彻底刻骨，所发议论，涉细入微，相互说明，至尽论理方法，极其严重的措辞，谓为法家的标型，实无不可。若夫兵家，则有孙武所作的《孙子》，吴起所作的《吴子》，文章庄重雅健，为学者所乐诵。再墨翟所写的《墨子》，以及杂家吕不韦的《吕氏春秋》，亦俱为结构的作品。

按照世界文学演化的通例，凡韵文皆起于散文之先，我国自不能有所例外。但太古的韵文既已不传，只有舜和皋陶的《股肱》《元首》之歌，便是最初诗歌之见于书中者。其后由夏而殷，有一稍形进步的事实，则读《诗经》里面的《商颂》遂可窥见其一斑。至于周世，则诗歌大见尊重，太师掌之于王朝，乐正以之教国子；天子听政时，使公卿以下列士献诗讽刺；在巡狩之际，使采诗官陈列国诗，以察知民俗的情伪。于是诗人以此为叙情的工具，王者以此为行政的借镜，学官以此为教育的科目，诗歌大流行于世间了。而当时的诗，通行四言，注重实质，主在抒情写景，没有后世浮华纤弱之弊，大足为窥见是时人情风俗之助。

在周朝以前的诗文，语短意长，苍古雄劲，乃后文学界新来一气运，有所谓“词赋”者。从前经书或诸子百家，皆主理论文章；自词赋创生后，则重视言辞之绫，发起指重词藻的一大文派来。首创者为楚的屈原，其所作的《离骚》，即饰词藻的先河。屈原曾仕楚怀王为三闾大夫，因遇谗言，被放逐为漂浪者，但在流离颠沛之间，依然不忘故君，触物临景，不能禁其忧愁悲哀之情，乃作《离骚》以表心怀，而冀楚王之一反省。这《离骚》系《诗经》三百篇后，而可视为其比类的作品，不但譬喻巧妙，所用文字亦甚优美，音调流丽，备具品格，是为后世词赋的模范，故屈原遂被尊为赋家的鼻祖。其门生宋玉，亦长于赋，作《九辨》以悲其师的放逐，又作《神女》《高唐》二赋，托诸寓言以讽楚的君臣。于是对于古来的诗歌方面，惹起重大的变化，每发现七言诗调，便是其显明的一例。

周室灭亡，到了秦始皇时，荀子的门人李斯，出而大变古来的政治，遂影响于文字的变化。因在兵马倥偬之间，要求简略的文字，故程邈所作的隶书，风靡于世。文学方面，亦藉得甚大的便利，日渐趋于华丽之域。

以上属于文学的创始时代，接着遂移到词藻流行的时代了。

第二节　词藻流行的时代

屈原、宋玉创立词赋一门，至汉甚为旺盛，同时经学复兴，有名的儒家辈出。而这儒家为词赋强盛势力所感动，亦多作重词藻的文章，如汉大儒贾谊、董仲舒等，皆善于作赋者。迨至汉武帝时，在其保护之下，有司马相如、枚乘等文人，竟于知识阶级的文学上，养成嗜好。总之，自汉起至唐末一千多年之间，均以对偶为主，所谓骈体文大见流行了。

当汉初承三百年间兵乱之后，文学极端衰颓，然以马上得天下的汉高祖，终知不能在马上治天下，发意尊重经学，以太牢祀孔子，于是文学随着经学复兴起来。至三传文帝以后，文学已呈长足的进步，如贾谊、司马相如、司马迁、刘向、扬雄五大家，均先后出幕了。贾谊为文帝时人，长于论策，理论精确，文辞雄浑，其散文方面的《治安策》，堪称汉代第一。司马相如为武帝时人，最精词赋，有雄丽作品传世，如《上林赋》《子虚赋》，允称为赋类的上乘。司马迁亦为武帝时人，长于叙事，著《史记》一书，文辞的优美，实是我国散文史上空前绝后的大杰作。同时董仲舒亦善论说，其所写的《天人策篇》，颇为后人所爱读。刘向元帝时人，长于经术及政论。扬雄长于词赋，常作工丽的文。此外若王褒、枚皋、东方朔等，均善为流丽的词赋，风声所被，遂开汉代词赋的端绪。

至这时代的诗怎样呢？多少与前代有点异趣，带出一种慷慨的风味，盛行五言的诗，能描写及于人情隐微的作品很不少。五言的诗，发生于四言、七言诗之间，一般说由枚皋所创始。至五言诗最著名的，系苏武出使匈奴，被囚其身，在苦节十九年间，与知友李陵应酬诗，遂被后人称为五言诗的模范。此外和着乐器而歌的乐府体诗亦创始了。据《汉书·礼乐志》说："至武帝定郊祀之礼……乃立乐府，采诗夜诵，有赵、代、秦、楚之讴。以李延年为协律都尉，多举司马相如等数十人，造为诗赋，略论律吕，以合八音之调，作十九章之歌。"于是后人群仿其调而作诗，遂产生一种乐府体的诗了。后世所流行的词曲，强半由此所出发。

词赋与骈俪文的过渡期，为汉武帝至后汉三国、西晋的时代。当这时代的开始，则有王褒、扬雄、冯衍等，于散文之中，作出一种取入对句的文体；至后汉时，班固作《前汉书》，更助长其风，所谓骈俪文的作品于以产生了。而通览后汉一代文章的最佳点，即在于必骈亦骈，必俪亦俪，既非骈俪文，又非散文，另有其特色的所在。三国时代，魏曹操兼文武才，擅长诗赋，其子文帝亦嗜文学，文学之士，群集其门下。尤其文帝之弟曹植，对于文章诗类，锻炼重锻炼，极得结构的所长，天才的面影，活跃于纸上，与孔融、陈琳、王粲、徐幹、阮瑀，应玚、刘桢等，史称“建安七子”，将流行极端的骈体文，加添一段气势，文章遂日陷于轻美纤巧，卒至风靡一世，而开六朝金粉文体来。次及晋朝，陆机更对曹植的文章，增益精彩，而四六对偶盛行了。至于像蜀诸葛亮的那种谨严真率的文章，则在当时殊为少见。

至诗的方面，由前汉末传到后汉，产出各种诗人，张衡是其著者。三国魏室，皆长于诗，其中曹植，尤为大家，允称上嗣苏武、李陵下开百代的人。随而晋朝，陆机、陆云、阮藉、潘岳等，所作皆工丽绮靡，出而妆饰于诗坛上，传诸后世。

自东晋至梁陈间，骈俪文全然成立，是为六朝文学的最盛时。惟东晋在兵马倥偬之间，士大夫清谈成风，每于极简单言辞中，谈论极彻底而幽默的事，因而文学的进展，乃稍停顿不前，若郭璞、葛洪等，可算其间稍为名高的作家。后由东晋至宋，颜延之、谢灵运等，对于骈体文特出巧妙，益增其体裁的完整。至若陶渊明高超俗界的文章，那实是这时代的杰出者。又由齐而梁而陈，骈体文经任昉、沈约等文人的修饰，益臻大成之域。当时梁武帝博学能文，其子萧统，世称昭明太子，尤词藻富丽，编撰《文选》一书，为治文学者必读的书。稍后徐陵、庾信的文，务以音韵相附丽，句用四六、隔句为对，至得

“徐庾体”的名。

至晋末宋初的诗，则有陶渊明、谢灵运两大名家，世称“陶谢”。陶诗冲雅淡远，妙造自然之域，在六朝文学中，最为异彩；谢诗甚为工丽，以视渊明，人谓有逊色云。在陶谢之次，宋有颜延之，其诗尤为缛丽。若夫齐梁，则有谢朓、江淹、沈约等能诗，即梁诸帝，亦皆嗜文学，故善诗者多出其间。而沈约论“平、上、去、入”四声的音韵，而著《四声谱》，诗道于以大开。要之，六朝的文，其流荡为华丽，其陷溺为卑弱；以言其诗，则高尚典雅，特多丰神富瞻之作。尤其五言一体，更为逼近妙境；而排律之作，亦由此时代植其根基。

由隋至唐末五代之间，为骈体文与古文的过渡期。在隋世有陆法言、刘臻、颜之推、魏渊、卢思道、李若、萧该、辛德源、薛道衡等九人，著《切韵》，承沈约以后的遗风。而颜之推的《颜氏家训》，王通的《中说》等，则又皆儒家之言。故隋之世，虽为年不过三十，而唐代的文学，莫不滥觞于兹。至唐太宗为秦王时，遂开文学之馆，罗延文学之士；既而即位，置宏文馆，聚四部书二十余万卷于馆中，选拔学士；是以唐代文艺，蔚然兴起。惟唐初文章，犹未离于六朝旧习，雅尚骈俪，如王勃、杨炯、卢照邻、骆宾王，称“初唐四杰”，皆以工骈俪体见称。至武则天时，陈子昂出，乃作素朴之文，欲以挽颓风，振衰敝；玄宗时，元结亦敝屣骈俪，高唱古文，惜皆有力所不足之叹呢！后有张说、苏颋二人，肆力为雅正之文，由是文学气运，为之一变。张说封燕国侯，苏颋封许国侯，故后世遂称“燕许”两大手笔。其后韩愈、柳宗元诞生于世了，韩愈为德宗时人，独本经书所出发，综核百家，致力古文，以精严雄浑之笔，昭示当代，遂起八代之衰，复周汉之醇，创开宋代措重理论的一大文派。柳宗元初本习骈俪文，至获罪贬谪之身，则改作古文，其活写山水风景和人物，极沉痛雄健之致，世遂以之与韩愈并称“韩柳”。次若李翱、皇甫湜、孙樵、杜牧、皮日休、陆龟蒙等，皆以古文鸣世。不过就大体言之，古文在唐末尚无显著流行的形迹，而唐代的文章，大抵以骈体文为主要的潮流。

抑唐一代文学的最造极精妙者，顾乃非文而为诗。唐初诗赋，袭六朝之后，犹带徐庾的余风，作品华丽典雅。逮武则天朝，沈佺期、宋之问等，益加雕琢，作为律诗，号称“近体”，诗界称是时为初唐。迨陈子昂出，始尽扫时习，直仿古时，力欲摹《诗经》《离骚》的诗风，由是古体诗与近体诗分野成立了。初唐告终，盛唐继起，盛唐系指玄宗至代宗间的诗而言，为诗界中人惯用语。当时诗仙李白、诗圣杜甫以及王维、孟浩然、高适等均出幕了，诗风始为大变，遂呈空前绝后的盛观。李白，字太白，天资豪放，终日嗜酒，其诗高妙绝伦，有神仙飘逸之风，尤长于绝句。杜甫，字子美，遭遇安史之乱，流落困顿，感伤时难，发为歌咏，故其诗悲壮沉郁，独绝千古。次由代宗至文宗间，是为中唐，韩愈、柳宗元、李贺、元稹、白居易等，先后出世。韩诗艰奥，柳诗温雅，李贺则作险怪的诗，自成一家，而元稹、白居易均以词句平易见称，二人互相次韵而作诗，由是次韵的诗以起。由文宗至唐末，是为晚唐，有杜牧、李商隐、温庭筠、韩渥等诗人。牧诗豪健，世称“小杜”。李商隐、温庭筠则雅近缛丽，称为“西昆体”。韩渥以“香奁体”（奁乃盛香之器，或曰镜匣。渥好咏闺女、宫娃窈窕胭脂之态，集其诗曰《香奁集》）见称。总之，有唐一时，通初唐、盛唐、中唐、晚唐四期，皆为诗歌极盛时代。及唐衰亡，诗歌亦随以不振，更经五代，遂完全入于颓运。此外在宋代勃兴的词曲，唐时已微呈流行之兆。

第三节　理论文流行的时代

自汉起尊重言辞之绫的骈俪文，在齐梁时代，告厥完成。迨传入唐初，除初唐四杰外，世间已有几分厌弃的倾向，这倾向由唐末至五代，愈为显著。至宋太宗时，柳开、王禹偁辈，倡导古文，力涤排偶之风。真宗时，杨亿、刘筠等虽作典丽文，而已稍带古文气了。后有穆修、尹洙之徒，好韩柳文章，冀求兴起古文；又苏舜钦、梅尧臣等，亦对扶正诗风，大尽厥力。而促进理论文的发达，则强半缘于欧阳修之力。欧阳修，字永叔，庐陵人，始就尹洙而感古文的奥妙，继得韩愈之文，苦心学习，遂承孟子、韩愈的文脉，一变宋代的文风，骈俪文因以衰亡，而古文流行了。其次程朱的理学勃兴，与古文携手流行于世，所以后来文学界，自不免为古文派的独占场。其时代系由北宋至明末，凡七百有余年。

北宋的文学，由欧阳修在仁宗嘉祐中掌科举，痛抑时文，由是卑弱浮华的习气一变，而受其激励最深的，则为曾巩、王安石、苏洵、苏轼、苏辙等。今试举其各人的特长。欧阳修虽无韩愈的豪健，缺乏硬语盘空的个所，而其文丰腴流丽，迂余曲妙，极端优悠不迫，恰与其人相应。曾巩，号南丰，精通经术，为文醇雅，其定评为深得韩愈的真面目。王安石虽未学于韩愈，然其文奇峭傲兀，颇得韩愈真髓。苏洵，号老泉，二十七始志于学，为文峭劲雄伟，传言得力于《韩非子》《战国策》者。苏轼，号东坡，才气飘逸，行文臻自由自在纵横奔放的极致，观其自评，所谓“有如行云流水”，诚非虚语。苏辙，号颖滨，性高洁，文如其人，高雅平正而富奇气。

北宋亦非全无骈俪文，如欧阳修、王安石、苏东坡三人，均很工巧。惟王安石的骈体文，系于经书中捉来文字，活杀自在，随自己之所欲为，而不拘泥格式。即欧阳修、苏东坡及其他诸作家，也皆异于前代的骈体文，特出风味，故后人称为宋的骈体。

至北宋的诗，为晚唐五代的引续，大体流行西昆体。但自欧阳修出后，一若文章亦学韩愈的诗；其次王安石为学杜甫的结果，诗风大变。迨苏东坡、黄庭坚出世，宋的诗便完全成为宋的诗了。若试取宋诗与唐诗一比较，则立能发见其极大的差异：唐诗大抵具清空的情味，富缥缈的神韵；而宋诗则为理论文流行的关系，将诗界大禁物的理论，包举于诗感之中，惟其理论尚称有趣。

此外北宋文学界新来一气运，就是词曲的兴起。词曲乃古乐府的余波，而后世戏曲的源泉，其目的在于高歌长吟，以和管弦而合舞蹈，故有“诗余”之称。盖视之为诗长短句的别派，而又有“填词”之称者，则以其每篇有一定的规矩，每句有一定的平仄，很似近体诗一般。然而每题各特其法令，作时须依题而计其平仄排次之法，以填充每句文字。这词曲创始于唐，行于五代而大盛于宋，遂乃流传于天下，后世因有唐诗宋词之称。在宋代文学界的人，殆无一不作词者，前有晏殊父子，继有苏轼、辛弃疾、周邦彦、柳永、康与之、张耒、黄庭坚、晁补之、秦观等，皆为一代词宗。而举其最优者，则为柳永与周邦彦。

古文的中衰时代，为自南宋经金元而至明的中叶。宋室于南渡后，是为南宋。南宋的文风，颇有散漫卑弱之嫌，其间虽多名士出现，今特举其一二为代表。陈亮（即陈龙川），意气豪放，而为文有“失于粗豪”之评。吕祖谦（即吕东莱）文体的整美，固为世所公认，然其卑俗地方，亦不免受人所评谪。吕氏著的《东莱博议》，颇为后人欢迎，虽至今日，尚多取而诵读之者。在这二人前后，而宋学大成的朱熹出世了。朱子的文章，主学韩愈与曾巩，因学臻深奥纯化之域，就其所学的踪迹，竟难为人所认出，实堪敬佩之至！如是南宋的文坛上，系以朱子为第一，自无疑义。此外若文天祥、谢枋得二人，虽非文人，而行文肖其性格，森严沉痛，能予读者极大的感动，以此著称于世。

次及金代，金的文学界，亦辈出各色人物。惟严格言之，则以金末元始的元好问（遗山），为压倒有金一代的作家。元好问，字祐之，曾撰《金源君臣言行录》《壬辰杂编》《中州集》等书，均为结构的巨作。而通览金代的文章，则大抵出自苏东坡的流派。

嗣后灭金与宋的元朝起来了，其文学远不及唐宋的隆盛，仅承金代文章的余风。惟自虞道园出后，文运稍为转机；其次杨载、范椁、揭傒斯等继出，遂促文学的兴盛。试就虞道园在元朝文学界的位置来说，则有点似于欧阳修一出而振兴宋代文学的状态。不过虞氏较诸欧阳修，稍有力所不足之势。其次元末吴莱（草庐），亦文中健将，而为明初文学的胚胎者。

迨到明代，则明初由宋濂（潜溪）、刘基（青田）等的努力，于是文学俄然大盛。尤其杨士奇，以博大平明的旨趣，写作文章，遂成就所谓“台阁体”文章，曾经一时风靡文坛。可惜仿作的人日多，参差不齐，末流渐生浅薄情趣，如是文章渐衰了！后有矫其缺点的李东阳出来，尽其能力之所及，以求实现光大的理想，然终因于环境，不能有所大发挥。总括一言，明代的文章作家，固较多于北宋，而数其大家，则不足一屈指了。因此杰出人才的缺乏，古文不得不渐趋衰亡了。另一方面，骈体文于南宋时代，曾出足与唐代陆贽相颉抗的名家，而不久也衰颓了。在陆贽之时，朝廷诏敕，殆通用骈体文；至明的诏敕，则弃而不用，渐次骈体的文章，即由世间隐姿而终了。同时文官登拔试验特用的文体即所谓“八股文”，以非常的势力，风行一时，如是古文更呈衰退的现象了。

诗的方面，南宋诗界，古体流行苏东坡、黄山谷的风格。其专流行黄山谷一派，称为“江西派”。举其代表的作家，有杨万里（诚斋）、范成大（石湖）、陆游（放翁）等，而陆放翁为其间的尤著者。在金元之间，元遗山以刚强的性情，雄健悲壮的调子而作诗，有凌于苏东坡、黄山谷迫肖李太白、杜子美的风趣。其次虞道园，亦深得唐诗的所长。迄元末叶，又有萨都刺（天锡）、杨维帧（铁崖）出来。萨都刺的诗，极端温厚，且又流丽，超出元诗的范围。杨维祯为作乐府的名人，其诗学唐的李贺（长吉），而有凌驾李贺的气概。至明的刘基（青田）、高启等，一扫元来的风习，惟不幸高启早年夭折了！永乐以后，文章产生台阁体，诗也有台阁体出来。但自这诗体流行后，诗逐渐次趋入颓运了。同时盛行于宋的词，这时也衰亡了。在这诗词衰亡的当中，传奇（戏曲）小说勃兴起来。

自明中叶迄至明末，可称为古文复兴的时代。当李东阳注全力矫正台阁体文章缺点之时，有王鏊（道严）之人出世，以唐宋的文章，尤其是韩退之、苏东坡所作的古文，唱行一世，只惜其力不足的呢！其间尚有李梦阳、何景明等人，大唱复古之说。所谓复古之说，即尽力学秦汉以上的文章，不作唐以后的文章。而在这时辈出作者之中，其最有名的，是为“前七才子”。未几，唐顺之（荆川）产生了，唐氏的文学，大体学苏东坡。其次李攀龙、王世贞等出，传承李梦阳、何景明等的倡说，更张大其风声，是为“后七才子”。其中王世贞，极负重望，一时唱覆于文学界。与这派对抗而起的归有光（震川），鼓吹唐宋的文章，力与王世贞争论。曾有人说明代的古文，以归震川为最著者。在同时代，尚有茅仲（底门）之人，批评唐顺之所选唐宋八家文，取付印刷，然仅盛行于一时。唐宋八家，即唐的韩退之、柳子厚，与宋的欧阳永叔、苏老泉、苏东坡、苏颖滨、曾南丰、王临川八人。因这唐宋八家文，有风靡一世之势，如是文学界再生气力，同时骈体文章，也微呈复兴的形态，即诗也兴盛起来。

第四节　词藻与理论文的并行时代

词藻与理论文并行的倾向，是为清朝二百七十年间文学界的现象。因清朝为我国三千年来文学界告一段落的时代，历代的文学，悉行集合而盛行其间，实可算是一大转机了。然而清朝文学兴盛的理由怎样呢？一方面，系于明末以古文为主者，与以唐宋古文为主者，及以汉魏文学为主的三大潮流，总集中于清代；另一方面，因清朝为满洲族统治中国，为缓和汉民族的反抗，其第一手段，自以尊崇汉人所尊崇的宋学或汉学，并敬重各派文学大家。如是文学日向发达的途上，这便是各种文学隆盛的原因。至对于尊重词藻与尊重理论的文学一时并行于世，又得稍为解释一下。盖清朝所流行的学问，一为宋学，一为汉学，宋学尊重以理论为主的文章，汉学尊重以词藻为主的文章。这二学派，势均力敌，互相轧轹，自不待言，而清朝的朝廷，无论任何一派，均不能加以抑压。为适宜对付的方法，只有任这两派学问同时流行，因而主理论的文章与主词藻的文章二大文派，遂得并驾齐行于世间了。清朝的文学，以清初至乾隆间为一区划，由是直到清代告终，又为一区划，这是普通人的分法。但其以清初至乾隆间，谓为属于明代方面，殊欠适当，特将其归入清朝方面。

试举清初的古文作家，有侯方域（雪苑）、魏禧（叔子）、汪琬（尧峰）三人最为显著。侯方域始学六朝骈俪的文章，继学韩退之、欧阳修，方正升堂入室的时候，不幸短命死了！汪琬学欧阳修、归有光的文章，但有力不能及的缺憾。魏禧学苏老泉的文章，纵横自在，颇有心得。此外尚有顾炎武（亭林）、黄宗羲（梨洲）等大学者，自写一家的文章。次至康熙年间，方苞（望溪）出作古文，以明大道，认文章为有益世道人心的利器，不肯苟作。其对文字的使用，立定主意，必须取用经书中的文字。至六朝以来骈体的文字，或见于诗赋中的杂碎文字，或见于语录中的俗语，决不肯用以写文章。与这人同时代，尚有刘海峰之人，也属文章的妙手。

由于文学的盛行，骈体文随着兴盛，有名的人，出有陈维崧（迦陵）、袁枚（随园）等，均为文章的达者。

至诗的方面，则钱谦益（牧斋）、吴伟业（梅村）、朱彝尊（竹垞）三人，是为清初三大诗家。其次王士祯（渔洋山人），学唐王维、孟浩然等的诗风，主张神韵之说，深得康熙帝的殊遇，为一代的诗宗。后除其门下名高的查慎行（初白）外，尚有多数的诗人。同时词也盛行，如吴梅村、朱竹垞、陈迦陵三人，均可称为词界名手。竹垞、迦陵的《朱陈村词》，今日尚见流行。

清初至乾隆间的文学，已在上面概略说过，接着要来叙述乾隆以后至清末文学的大势。在这时代的文学，可称为清朝特有的文学。当乾隆中年的时候，姚鼎（姬传）出来了。姚氏为古文的近代大家，其古文的作法，学刘海峰，而其作品，堪与刘海峰相对比，优于方望溪。他系生长于桐城地方，世人乃指其文派，称为“桐城派”。这派尊奉明的归震川，更溯及于宋的欧阳庐陵与曾南丰。另由刘海峰流出的一文章派，是为“阳湖派”。这派以阳湖的人恽敬（子居）为主盟，张皋言等属之。其文体与桐城派，无甚差异，但对桐城派的嵌型，似有过分倾向之嫌，且主学韩退之文章，这是两派不同的特征。不过阳湖派的势力，实非桐城派盛大的匹敌。在姚鼐的门下，产出多数名士，其最名高的，则为梅曾亮。后在梅曾亮的门下，又有许多文人造出，故桐城派益形发达。尤其道光、咸丰年间，以平定洪杨之乱而轰英名于一时的曾国藩，也由这派所流出。如是这派百尺竿头，更加一层地旺盛。在曾国藩门下，出有黎庶昌（纯斋）、吴汝纶等人。据黎庶昌所说：清朝文学，其文体的正统，系由方望溪开始；至姚姬传，文章始为整正；到了曾国藩，遂告大成。

桐城派的文章，既然极大流行，如是骈体文章，也生种种的改良和进化，出有孔广森、龚自珍（定庵）、洪亮吉（北江）等文人。最近病亡的王闿运（壬秋），也是其中的铮铮者。

诗的方面，自乾隆至嘉庆间，有袁枚（随园）、翁方纲（覃溪）、沈德潜（归愚）等大家辈出。袁枚系主性灵而重写真的人。翁方纲为忧渔洋派诗风，过分奔于空灵，乃把各种实理嵌入空灵之中，借以补救其流弊，但是一言一句，举实述理，卒致所作的诗，枯燥无味，不能见重于世人。沈归愚是诗画的重要人物，其所作的诗，古诗主汉魏，近体主盛唐，既不过奔于空灵，复无罗列事理的呆板，不偏不倚，适得中庸。其门下诗人辈出，其弟子黄仲则作《两当轩集》，可惜少年而夭折了！在这时代，出有各种的诗人，例如舒位（铁云）、孙原湘（子潇）、吴锡麟（谷人）等，是其中的最佳者。词的方面，也颇进步，张皋文一派的常州词人，最为兴盛。

迨至现代，则报章体（或新闻体）的文章盛行了，如康有为、梁启超、章炳麟等，可算是其有名作家。至骈体的文章，和桐城派的文章，已渐绝迹而衰亡了。最近由胡适之等倡行白话体文学后，全国文风，顿起重大的变化。群以言文一体的文字，来作写实的文章。但因今日尚在变化演进当中，很难确定其界说，且一般流行的趋势，读者已多亲知，故概为省去不说。对于所述历代文学的变迁状态，暂就于此告一结束。

【第七章】

小说与戏曲

人心系一极端奥妙之物，儒教所教的事情，固属意善法美，谁也都承认的，只惜以理说理，绝无变化，不能诱起人心的兴趣，而发展其想象能力。

第一节 小说的演进

我国在汉武帝时用董仲舒学者的献策，以儒教为朝廷的学问，并借以登用官吏。所谓儒教，就是以“五伦”[①]“五常”[②]之教而为学问的根柢。然而我国小说方面，尤为有趣，本空幻的想象，嵌入趣味的事情，使一般阅读的人，于不知不觉之间，受其勾引，忽焉欢笑，忽焉悲哭，恨不立刻读完全书，以求深知个中的奥妙情节。这种纯托假空的事实，而发挥其自由自在的奔放思想，自为儒教所不满，认为非常不良的事。供善良的青年男女，以恶劣的智慧，使纯善的风俗，受其不好的影响，皆以这小说为厉阶，非加以排斥禁止不可。但是人心系一极端奥妙之物，儒教所教的事情，固属意善法美，谁也都承认的，只惜以理说理，绝无变化，不能诱起人心的兴趣，而发展其想象能力。例如勤俭力行，固是人生处世的正道，但其间无论如何说法，终难求得人心的安慰，乃不得

① 五伦，即中国传统社会君臣、父子、兄弟、夫妇、朋友五种基本人伦关系。

② 五常，即仁、义、礼，智、信。

不靠外来的结果，以刺激其兴奋的精神，俾得有所取法而实行。所以汉武帝虽采用董仲舒的献策，以儒教为朝廷的学问，而这时代由空想所写出有兴趣的小说，仍以非常的形势流行出来，大受世人的欢迎。据《汉书·艺文志》所载的小说家共有十五家，其编纂的小说，竟达一千三百八十篇以上。就中最著名的，算是《虞初周说》九百四十三篇。这“虞初”二字，原系当时奉稗官职的人名，而稗官乃求知下层人民的实情所特设的一种编修官。所谓“虞初”，便是这编修官中一人的人名。后代所称《虞初新志》，颇流行书物的名，即由这“虞初”而变来的。可惜虞初所写的小说，今日欲求现存的一篇，也不可得见了！而在这时代前后所著成的，今日尚多存在，如《洞冥记》《神异经》《十洲记》《武帝内传》《飞燕外传》等，均其一类。由是到晋，复由晋而南北朝，而隋而唐。一至唐代，小说勃然大兴，很多有名的作品，其收集《五朝小说》（书名），传到今日亦不少，如《游仙窟》等书，便为唐代的产物。唐代小说的特色，在于描写全事的始末，如《太真外传》《霍小玉传》《步非烟传》，均属这类。世人多指这类小说别名“传奇”（与南曲的传奇不同）。宋代小说更见盛行，至元明清则大行特行了。但这类小说的言辞，多为文章体，所描写的对象，也属贵族事情，只供上等社会人的空闲阅读，殊非全民适用的读物。我们现在要叙述的小说，乃“诨词小说”，即言文一体的小说。“诨词”为古来学者所命名，因其不近于学者的口气。我们现在必须一扫学者风的说法，专就这诨词小说来研究之。

关于我国言文一体的小说，系由何时发起的呢？在唐末五代之时，已经呈现其端芽。对于这时代以平话所写的小说，今日尚可寻出其一点残迹来。据普通传说，在宋仁宗时，为侦察民间实际的情态，乃命说书的人，就民间下层的风俗，以物语笔录下来，这便是诨词小说的创始。可惜这时代的作品，现则一无所存！不过众认是其种类之一，如写仁宗以后，北宋末徽钦二宗的《宣和遗事》，现在尚有遗本。这书所记的事，颇属杂碎，其中载有“水浒传晁盖劫蔡太师还应赠物”“宋江入梁山泊为强盗”“天罡星三十六人”等事，后来《水浒传》，即由此而作其角色。

迨至元朝，小说大形进步，在古代小说界称为“四大奇书”第一的《水浒传》出世，《西游记》也随着产生于世了。《水浒传》取用《宣和遗事》的材料，大加结构，增多人物，而编成百二十回的一大长篇小说。其中写出天罡星三十有六，地煞星七十有二，一百零八人的英雄豪杰，极为有趣味的事情。大体是说这一百零八人的英雄，群集梁山泊（今山东省地方）为盗贼，欲宋朝怀柔为忠臣，只惜被害于谗舌，悲惨祸起，遂颠末而终了！前半描写盗贼生活，入微涉细，极快活的写法，如阮小五所说的“人生一世，草生一秋”，“成瓮吃酒，大块吃肉，如何不快活”！实是快人的壮言。后半描写事朝廷而尽忠节，惜其环境不良，乃悲惨告终，又极悲惨的书风。前部快活，后部悲惨，其巧妙地方，在能寄思想于笔端，而尽情地描出生活的真象来。清初批评家金圣叹，只抽出前面七十回壮快的部分，评为《忠义水浒传》，至后面五十回，则弃而不取了。我们觉得其百二十回，均为良好的结构。惟这《水浒传》是大才家描写世间的不平，结局作者不明其何人，而一般传说，则谓是元末施耐庵所著的。这种小说，非常投合国人肺腑，所有秘密结社或集团，却奉这书为金科玉律，故曾被禁止流行。然至今日，其流行依然不止。

其次《西游记》，据俗所传，系由元太祖礼遇的长春真人丘处机著的，共有二卷，主在描写西域地方事情。但丘处机是否确有其人，至今尚难判定。而这小说之《西游记》，以唐太宗时有玄奘三藏的贵僧侣，奉太宗命往天竺，历经艰苦奋斗，卒得取归佛经为主意，而配合猿的妖怪孙悟空，豚的妖怪猪八戒，河童的妖怪等，伴玄奘三藏往天竺取经。途中极多奇谈怪说，奇想天开，风趣百出，所谓"一跳一万八千里"的话，多得难以计数。我国考究作者的用意，则认佛教为无上之教，非道教所能匹，故不厌麻烦，尽情写出其比喻事情。若我们欲寻本国世俗思想变迁的陈迹，这书实是一种最好的材料。

由元引续传到明代，小说日见发达，"四大奇书"的《三国志》《金瓶梅》二书，均已诞生于世间了。《三国志》（也有说为元代的产物）所谓历史小说，将后汉末的蜀、魏、吴三国事情，组合成为小说，以生动的笔法，活描孔明、关羽、张飞等言行。作者传说是罗贯中，但难十分确定。这小说大流行于世，传说清初满洲人的战法，大抵借镜于此，在军队中，以谈《三国志》为唯一军法。由今日眼光去观察，诚属笑话之至。惟关联这小说来考究，便知关帝庙所以林立各地的缘故。关帝即是关羽，传说他重义守约，深具大勇，死后能现神灵，为下层社会所最欢迎。这种思想，实与《水浒传》誓天结义的思想相通，可以考知民间思想的一方面。至《金瓶梅》纯然人情小说，能以惟妙惟肖的笔法描出当时日常生活的情态，与人情的细点，实是其高深奥妙之所在。但因所言事情，过于写实，彻底露骨，致为大雅所不取。昔时重礼教的学者，若一谈到《金瓶梅》，则以为毁损体面。但是我们认为，明代的风俗，多可由《金瓶梅》而考知。敢劝历史家，应把这书详细一读。这书的角色，即以《水浒传》中行者武松之兄所娶妖妇潘金莲，与巨商西门庆日常浪漫生活为主。作者有说是明代著名文人王凤洲，或说其门生所写的；或说某人嫉怨嘉靖奸相严嚣之子世蕃（东楼）横暴淫虐，欲谋毒杀，无隙可乘，乃染鸩毒于这书纸端，严世蕃却最先读这书遂被毒死。

明代除上述小说以外，尚多历史小说，其中《东周列国志》《西汉演义》《隋唐演义》，最为流行。又截取《隋唐演义》上半部（隋的部分），另名《隋炀艳史》，尤其盛行于世间。其文章甚好，能把炀帝骄奢淫逸的情态，极情描写出来。

小说自传入清朝，益见盛行。在清朝的初叶，有李笠翁作家，敷衍劝善惩恶的意味，而写短篇小说，其最著名的为《十二楼》。《十二楼》是关于楼阁间事情，配合各种角色而构成。另一名曰《觉世名言》，著思极其奇拔。自乾隆至嘉庆间，《红楼梦》杰作诞生了。它是百二十回的大部小说，堪称我国小说界的第一，颇似《金瓶梅》笔法，纯然人情小说；但非若《金瓶梅》般的陷于卑秽，系描写人性的真情。其中大要是说贾氏贵族家庭内事情，男的主人公，为少年贵公子贾宝玉；女的主人公，为贾府姻戚林氏女黛玉。这林黛玉即俗称林姑娘，为国人理想的妇人。此外有家庭间贵妇人的模特儿薛宝钗，以及许多美而特色的丫环，各种杂色人物的出场。故这小说产生后，不但备受世人热烈的欢迎，直至家屋、庭园、衣服、食物等，皆无一不受其影响。虽到今日，还是人手一卷，不减当时的声高。曾有外国人评判这小说，为我国衰亡的病征，固不能尽信其说，但多少总有点关系，这是不能不承认的。故欲知现代国内社会的实情，洵有一读其书的必要。

清代除这小说外，尚有描写科举试验内情的《儒林外史》，活写优伶生活的《品花宝鉴》，描绘官宦黑幕的《官场现形记》，及对《红楼梦》所写的《儿女风云传》等。迨至清末，则西洋小说的译本丛出，如侦探小说、冒险小说、历史小说、人情小说，均极盛行于世了。现在算是脱离外国小说的翻译时代，又入创作的时代。翻译小说的大家，以林琴南为第一，传说他不解外国语，只就他人读时速记下来，因其深于旧学的素养，富具诗文的天才，故名誉甚高，驰闻全国。现今小说专门的杂志，亦有数十种，如《小说海》《小说月报》《小说时报》等，是其中资格最老而较优者。至研究小说的人，大有日增月进之势，他日小说界的发达，自可不言而知了。

第二节　戏曲的变迁

欲研究戏曲的来历，实非容易的工作，现在仅就其最发达的元代起，略为叙述。

我国文学发达的顺序：最先两汉时代，文章开始流行，故称为汉文；次至唐代，为诗的大发达期，故称为唐诗；又次宋代，系由诗变化的词大发达期，故称为宋词。我们倘欲研究本国近代的文学，非彻底了解这词不可。盖诗属于古文学，词则为时代文学。由这词的发达，始产出曲来，曲系几个词的连合。其描写种种的事情，常赖优伶表演于戏，故称为“戏曲”。戏曲在元朝时代，始著发达，而后人对这元朝的戏曲，叫做“北曲”或“杂剧”。但为什么叫做北曲？北曲又是怎样的呢？则由其以重浊而迟缓的北方土音，当六律六音的音调，而作九宫者。九宫是黄钟宫、正宫、仙吕宫等九种调子，试举喻以说之，便是所谓义太夫、说教、常盘津、长歌等调子。把这九调子组织成歌，由九宫首的黄钟宫至终的大石调编成一剧，大抵由四段组成。至排演这曲的戏子，也有各种各目，即所谓五种角色：末、旦、外、净、丑。由这五种的变化，可以做出无穷的戏剧。当元朝时代，戏曲数目很多，今日尚可由《元曲选》中，选出其最佳者约百种，如马致远的《汉宫秋》（以王昭君为主人），白仁甫的《梧桐雨》（以杨贵妃为主人）等，算是其中的杰作。除这《元曲选》之外，尚有元代名高第一的《西厢记》，描写张生与莺莺恋爱的故事，其词曲的优美，堪称古今独步，凡能读解其文学之趣味者，莫不大为感服了。

迨至元末，南曲兴起，原因系由北曲缺乏兴味，乃用南方调子，以作南九宫，卒被编成戏曲。南曲一名“传奇”，故称“杂剧传奇”，与称北曲、南曲，意义完全相同。

南曲传入明代，风行于世，其幕数非特不少于北曲，且多在五十幕以上。又从南曲产生后，角色的名目顿起变化。至相对于北曲的《西厢记》而为南曲中最精华的，有《琵琶记》。《琵琶记》的主人翁为蔡邕，以蔡妻赵五娘的孝行节义为经，以另一人的妻牛小姐的优美人格为纬，而组合成功的。此外汤临川“玉茗堂四种”中的《牡丹亭还魂记》，后世称为南曲的唯一作品。《还魂记》是描写柳梦梅与杜丽娘恋爱的故事。其初杜丽娘于梦中看见美男子，因而得相思病死了，然死后三年托梦于美男子（即柳梦梅），乃到其墓呼召杜丽娘的魂，竟能现形与柳梦梅会合，如是掘出其墓，死骸还魂，仍如原来的杜丽娘。这种事实的伪造，固不待言，惟其曲文的巧妙，实为世魁而足魅人。明之次清朝，亦为南曲流行的时代，其中的《长生殿传奇》和《桃花扇传奇》，最为脍炙人口。《长生殿》是写唐玄宗与杨贵妃的生活。《桃花扇》是以明末才子侯雪苑与艺妓李香君的恋爱故事为主脑，附带取入明朝灭亡的当时情况，悲歌慷慨，大有令人不堪俯仰之势。至其命名《桃花扇》的来源，则由李香君在强权高压之下，守操不肯少屈，竟以扇毁自己的美颜表示死不屈从的态度，后来扇上的血，自然呈现花形，有杨文骢之人乃加用绘具画上桃花。此外李笠翁所作十种曲，亦多好而特出的，奈因非属上品，致为儒学先生所排斥，不过仍极流行于世间。又蒋藏园的《红雪楼九种曲》也颇有名。

现今国内流行的戏剧，多为北曲、南曲的混合物。其歌曲，大别分为二黄腔、西皮腔、梆子腔、昆山腔四种。而普通用的，仅为二黄与西皮，梆子次之，昆山腔则寥寥少见了。在最近的过去，清室的溥侗与袁世凯之子袁克文等，频下苦心，求昆山腔的复兴，而卒不见其效。我国戏剧的主眼，在于歌唱，优伶对歌的练习，非常苦心，就中其最大的条件为嗓，即是喉音。这喉音最上等的，有所谓云遮月、脑后音等。盖二种俱由腹底出音，高低自然，上首高歌，其声遏云，控声于喉，使发潮涌之响。凡有这种嗓者，则尊称为名优。

至说近代的名优，自不得不首提新死的谭鑫培，他的艺风，有儒家的气格。其次则为名闻全国而献艺美洲的梅兰芳博士，《天女散花》是其最出手的戏。此外名优多得屈指难数，恕不逐一去举了。

【第八章】

史学的变迁

我国史名，肇自黄帝，黄帝立史官，命仓额为左史，沮诵为右史；左史记言，右史记事。周官有太史、小史、内史、外史、左史、右史等名目，太史掌国之六典，小史掌邦国之志，内史掌书王命，外史掌书使乎四方，左史记言，右史记事。逮及春秋，各国皆有史官，鲁有太史，齐有南史，楚有左史，晋有太史及左史，卫有太史。可见我国有意记录之史，实始于王室的史官。而史官的建置沿革，虽不敢确言始自黄帝，然从现存的金文，甲文诸遗迹去考证，则最迟至殷代已有史官，实可深信无疑了。惟古代的史名，至不一定，有谓史为“坟”，为“典”，为“书”者。西周以后，又名“春秋”，如墨子引燕的《春秋》、宋的《春秋》、齐的《春秋》、周的《春秋》（见《明鬼篇》下），又说吾见百国春秋（《史通·六家篇》引墨子佚文）；申叔时亦说教太子箴以春秋（《国语·楚语》）；司马侯亦说叔向习于春秋（《国语·晋语》）。是晋的《乘》，楚的《梼杌》，鲁的《春秋》，及孔子所见的百二十国宝书，虽无史名，实则皆属史书。盖我国史学，原为官名而渐假借为“历史”的“史”啊。迨到汉魏以降，史官的制度虽间有改革，而史官的华贵不替，所谓“文学侍从之臣”历代皆精选人才以充其职。每当易姓之后，修前代的史，则更网罗一时学者，不遗余力，因此三千年史籍，常以此等史官的著述为中心，虽不无流弊，然以专才供职，卒致史学形式上的完备，为世界各国冠。梁启超先生说：“中国于各种学问中，惟史学为最发达；史学在世界各国中，惟中国为最发达。”至孔子的删定《尚书》，说者谓其所据，即三代史官所记的遗稿，这书勒成，至迟当在纪元前五世纪末（周景王、敬王间），此较希腊第一历史家希罗多德（Herodotus）作《波斯战役史》约在纪元前四四四年，殆早百年有奇。似此世界最早有史的中国，而史籍又如是的繁多，欲加以详细叙述，自非分朝来考察不可。

第一节　春秋战国的史学

太古史官所作之史，系文句极简的编年体，晋代从汲冢所得的《竹书纪年》，经学家考定为战国时魏史宫所记者，即其代表。惜今原书已经散佚，不能窥其全豹。惟孔子所修《春秋》，踵《尚书》之后，创编年之体，吾人得借此以窥见所谓“古代正史”者。此外若《左传》所称“三坟”“五典”“八索”“九丘”，庄子所称“金版六弢”，孟子所云“于传有之”，其书虽皆不传，然可悬想其中所纪，皆前言往行的史料。汲冢所得古书，有琐语、杂书、《穆天子传》等，其杂书中，有《周食田法》及《周穆王美人盛姬死事》，凡此皆属正史以外的纪录，而为后世“别史”“杂史”的滥觞。实际严格来说，我国史学界最初有组织的名著，当推春秋战国间，左丘明的《国语》，与不知撰人的《世本》。左氏所著的《国语》，其特色在于不以一国为中心点，而通论当时各主要国家文化，常涉及全社会的各方面，不限于政治的叙述，实可称是商周以来史界的革命家呢！《世本》一书，宋时已佚，然其书为《史记》的蓝本，司马迁尝自说过：其内容有帝系、世家、传、谱、氏姓篇、居篇、作篇等类；帝系、世家及氏姓篇，叙王侯及各贵族的系牒；传则记名人事状；谱则为年表之属，史注所谓旁行斜上的周谱便是；居篇则汇纪王侯国邑的宅都；作篇则纪各事物的起源。我们只观其篇目，便可知其书与前史的异点，在开此后分析与综合研究的端绪，将史料纵切横断，分别部居，俾读者得所比较以资推论。且对于社会事项，特别注重，详及氏姓、居、作等事，已颇具有今日文化史的性质。惟惜著述者不得其名，原书又为灰烬，使我人无福读此史籍巨著！

第二节 两汉及三国时代的史学

我国史学界，在汉前的《春秋》《国语》《世本》等书，固可认出进步的形迹，却犹不足称为大成，直到汉朝司马迁的《史记》出世，始开空前所未有的伟观！当秦灭先王的典籍，遗制莫存。至汉武帝时，始置太史公，命司马谈掌其职，谈乃据《左传》《国语》《世本》《战国策》，楚、汉《春秋》，接以后事，成一家言，未成而卒。及宣帝改太史公职为令，于是知史务者，常由别职了。惟方史官遽变的时候，太史公司马迁（纪元前一四五—八六年）崛起，乃绍其父遗志，上起黄帝，下至汉武，取其事迹，纂而记成，为十二本纪、十表、八书、三十世家、七十列传，凡百三十篇，名曰《史记》。本纪取则于《春秋》，以叙帝王事迹；世家纪诸侯沿革，既宗雅记，亦杂琐语，为《国语》的遗规；如列传述英雄豪杰、伟人志士的经历；十表稽牒作谱，印范于《世本》，求所以使史实一目了然；八书详纪政制，蜕形于《尚书》，凡关于礼乐、刑政、天文、食货诸事实，悉详叙无遗。诸体虽非尽出于迁的创作，而迁实集其大成，兼综诸体而调和之，创开通史体例，为后代正史所准则，故我们不能不承认其在史学上有极伟大的功绩，而西人所推迁为东方的希罗多德呢。惟其史实颇多粗漏，这是不免有所非难的地方；至其文辞雄健，才华纵横，确非后世史家所能企及。自迁以后，史职骤低，史业渐离官学，浸假成为私著。后汉班彪为惜自武帝太初以后，史籍记载缺如，乃补缀遗事，摭拾异闻，作后传六十五篇。其子班固继父志，更加入自汉高祖至王莽的史实，仿《史记》作十二纪、八表、十志、七十传凡百篇，名曰《汉书》，是为断代史的滥觞，后世乃以固此书与《史记》并称曰“史汉”。然以《汉书》比起《史记》来，虽则史实精确，而文辞已大劣了。惟班固并没有及书大成，即已狱死，其八表及天文志，乃由其妹班昭（曹大家）踵成之者。至史官制度，在前汉以后，王莽有柱下史，东汉有兰台令史，后又移图籍于东观，遂为史臣所萃聚。三国时代，魏有著作郎，蜀有东观秘书郎，吴亦曾置左、右国史。而言其史职，则汉宣以后，皆不及周代的完备和尊严了。

第三节　两晋及南北朝时代的史学

自司马迁《史记》出世后，因其文章优美，引起学者研究兴味，社会靡然从风，往往追慕迁作史之意，集材摹著，以冀“藏之名山，传诸后人”，寄慨于千百年之后；同时世史官制，至汉已革，私人亦可作史。故自汉以下，每一代告终，新朝必有私撰的前史，降及于隋（自东汉初至隋亡，约五百余年），厥风未替，史部著录数目，骤增至四十倍。故最近梁任公有云：“晋代为吾国史学最发达之时代！”然就其著名者而论，则有司马彪的《续汉书》，华峤的《汉后书》，袁宏的《后汉纪》，孙盛的《魏春秋》，王隐的《蜀记》，张勃的《吴录》，习凿齿的《汉晋春秋》等，但大半都已亡失不传。其尚传于今而被称为正史者，则晋陈寿的《三国志》（魏有四纪、二十六列传，蜀有十五列传，吴二十列传），宋范晔的《后汉书》（十纪，八志，八十列传），梁沈约的《宋书》（十本纪，三十志，六十列传），萧子显的《南齐书》（八纪，十一志，四十列传），北齐魏收的《后魏书》（十二纪，十志，九十二列传）。此中最有名者，为陈寿《三国志》及范晔《后汉书》，兹就二书试为略述。陈寿原仕蜀汉，后仕晋为著作郎，编魏、蜀、吴的历史六十五篇，名曰《三国志》。其书叙事简明而不漫，文章纯洁而不浮靡，深能辨别得失，是其长处，因被与《史记》《汉书》同称“良史”。迨南朝时，宋裴松之周览群书，为之作补注，这便是有名的“裴注”。范晔仕宋文帝为秘丞，后左迁宣城太守，不得志，遂召集学徒，参考群籍，编述自后汉光武帝起至献帝止的事迹，而作十纪、八志、八十列传；然书未成而晔被诛。至梁世刘昭，取司马彪《续汉书》的志类补成之，名曰《后汉书》。更至唐世，章怀太子命当时学者张太安、刘讷言、革希等数人为之注，便成传于今日的《后汉书》。此外梁朝刘勰所作《文心雕龙》一书，其《史传》一篇，实是创开史评的先导。

第四节　唐宋两代的史学

唐代史学，虽没有特殊进步的形迹，然太宗曾命群臣编纂前代的历史，故正史的撰述甚多。如姚思廉撰《梁书》五十八卷及《陈书》三十六卷，李百药撰《北齐书》五十卷，令狐德棻与岑文本、崔仁师、陈叔达等共撰《周书》五十卷，魏徵等撰《隋书》八十五卷，房乔等撰《晋书》百三十卷，皆为正史。就中颜师古的《隋书》，孔颖达的《纪传》，于志宁、李淳风、韦安仁、李延寿、令狐德棻等的诸志，均甚完备；而《晋书》则被讥为“略实行而奖浮华，忽正典而取小说”。又李延寿忧宋、齐、梁、陈诸史与魏、齐、周、隋诸史的烦芜，爰自撰《南史》八十卷及《北史》百卷。而颜师古传说是精通《汉书》而作注解，然其所具史家的识见，则殊不如刘知几。知几禀卓轶的清质，历仕中、玄二宗，所著《史通》二十卷，论史家体例，述史的源流及古人得失甚详，其中崭新之说与卓创之见甚为不少，吾国论史之作，斯为第一。其后杜佑考历代的典章，著成《通典》二百卷，为史志体的肇始。此外又有历代天子的实录，如韩愈撰《顺宗实录》便是。迨至宋朝，史学大形发达，为体不限于纪体，所谓“编年体”和“纪事本末体”都已出现了。至论其研究史学的人，如欧阳修、司马光等，于史学上颇具功绩。在先石晋时，刘昫等撰《唐书》二百卷，因繁略不均，又多失实，宋朝乃命曾公亮为监修官，令宋祁、欧阳修改、删之。宋祁撰列传，欧阳修撰纪志，废传六十一，增传三百三十一，志三，表四，凡二百二十五卷，名曰《新唐书》，又修以薛居正所撰的《五代史》，繁猥失实，重加修定七十五卷，名曰《新五代史》。其后司马光奉英宗敕，与刘邠、刘恕、范祖禹等，共费十六年的岁月，成《资治通鉴》二百九十四卷，起于周威王二十三年至后周世宗显德六年，其间凡一千三百六十二年，详记其治乱兴亡之迹，虽旨在帝王的“资治”，要为淹贯的编年巨著。后来袁枢依循是书，以事为纲，成《通鉴纪事本末》一书，凡四十二卷，是为纪事本末体的创始。此外郑樵撰《通志》，王应麟撰《玉海》，均博引广证，裨益史学不少；尤其郑氏批评断代史的流弊，尤深契史学的新旨。又在这时代的史学上，有一必须说明的，就是唐代以前的史，皆系私撰而成于一人之手，即如沈约、萧子显等，虽身为史宫，奉敕编述，然其书以十九独力所成。自唐太宗以后，此风大变，如太宗命史臣别修《晋书》，和敕撰梁、陈、齐、周、隋五书，均大开史局，置员颇多，而以贵官领其事。自兹以往，习为成例，编史之业等于奉公，撰述的人，名实乖迕。例如房乔、魏徵、宋濂等，名为某史撰述人，实则与其书毫无关系。故刘知几的《史通·忤时》说，“每欲记一事载一言，皆阁笔相视，含毫不断，故头白可期，而汗青无日！”“史官记注，取禀监修。”“一国三公，适从何在！”此种官修合撰的史，常使著者的个性湮灭，失却该书的特殊精神，因此后来所出的隋、唐、宋、元、明诸史，大抵成为绝无生命的粉本，不胜芜累之至！惟就其利的劣面来说，则在由公家照例主持办理，民族伟业得以继续保存。

第五节　元明两代的史学

史学传到元、明二代，可说是走入颓运的时期，虽其间亦有不少史籍出现，而多失诸疏略芜蔓了。惟我人是要在叙述历代史学的变迁，故不问其优劣所在，皆必原原本本说出，俾可为今后改进的张本。当元顺帝时，命脱脱（Tukhta）等撰修宋、辽、金三史，不及三年，便告完成。这固因有三史旧本为蓝本，而粗率疏芜的地方，自可不言而知了。至论其内容，则《宋史》有本纪四十七卷，志百六十二卷，表三十二卷，列传二百五十五卷，总共四百九十六卷。此书编纂大旨，在于表彰道学，其余则皆姑以备数罢了。《辽史》有本纪三十卷，志三十二卷，表八卷，列传四十五卷，内又附《国语解》一卷，总合百十六卷。此书仅就耶律俨、陈大任二家所记者加以编纂，其疏漏处甚多。《金史》有本纪十九卷，志三十九卷，表四卷，列传七十三卷，总合百三十五卷。此书系依据刘祁的《归潜志》及元好问的《壬辰杂编》所纂修，体例很为严整，故《廿二史札记》说："《金史》叙事最详核，文笔亦极老洁，迥出宋元二史之上。"其他若马端临所著的《文献通考》三百余卷，后人合《通典》《通志》号为“三通”。迨至明朝，在太祖洪武初年，得元十三朝的实录，乃诏命李善长、宋濂等编纂《元史》，然其书仅六个月告成，故甚失之草略，且缺顺帝元统以后的历史。因于明年复命儒士欧阳祐等往北平采辑遗事，又诏宋濂、王祎再总其事而续修之，凡成本纪四十七卷、志五十三卷、表六卷、列传九十七卷，共二百十卷，然仍不免脱误甚多及人名不一致之讥。其次，胡粹中以《元史》详记世祖以前攻战之迹，而略于成宗以后治平之事，乃撰《元史续编》十六卷以补之。又柯维骐撰《宋史新编》二百卷，评者谓为精简得宜。至陈经撰《通鉴续编》二十四卷，薛应旗撰《宋元通鉴》百五十七卷，以续《资治通鉴》，惜均芜杂纷乱，殊非良史。此外有陈邦瞻的《宋史纪事本末》二十六卷，及《元史纪事本末》四卷，取舍尚称得宜，足以续《通鉴纪事本末》。

第六节　清朝一代的史学

清初以种族的禁忌，学者莫由抒志于史，故虽为一切学术复兴的时代，独于史界的著作，最为寂寥，兴后人文考散佚之叹！顾清儒的学者，有造助于史学者，仍甚伟卓。如赵翼的

《廿二史札记》三十六卷及《陔余丛考》四十三卷，王鸣盛的《十七史商榷》一百卷，钱大昕的《廿二史考异》一百卷，均能即考证以立断，条分缕析，深得蒐校的功绩。而顾栋高的《春秋大事表》，以类排比，尤足为循《春秋》治史者的借镜。至于地理图表方面，则有顾炎武的《天下郡国利病书》百二十卷，及顾祖禹的《读史方舆纪要》百三十卷，明地理的沿革，揭史事的背景，开历史的地理学的新体。至清季杨守敬益广采史乘，绘成《历代舆地沿革险要图》，更树近世历史地图的基础，有使读史者不忽于地的功效。又如高宗的《御批历代通鉴辑览》百十六卷（附《明唐桂二王本末》三卷），《续通典》六百五十卷，《续文献通考》二百五十二卷，《续通志》百四十四卷，《皇朝通典》一百卷，《皇朝文献通考》二百六十卷，《皇朝通志》二百卷，《大清一统志》等敕撰的书，亦俱有益史学的著作。此外马骕的《绎史》百六十卷，将自上古以至秦末的事迹，博据古籍，仿纪事本末体，蒐录于各题目之下；以及《四库全书总目提要》一书，使人一见可以捉着古书的异同、伪作、依托、附会和辑佚诸事，在史料上，实为最有价值的书。至黄梨洲的《明儒学案》，全祖望续成的《宋元学案》，为开学术史的肇端。又在道、咸以后，阮元、吴式棻、潘祖荫、吴大徵、严可均、翁方纲辈，对于金石的旁证与发掘，多所努力，是亦清代史学界的进步现象。而清代史界最呈特色之点，则在章学诚、崔述二氏史学、史法的新论。章学诚（一七三八—一八〇一）承黄梨洲、万斯同之后，为浙史学（先是黄梨洲治史，浙东史学称盛，其徒万斯同光大其学，以独力成《明史稿》，为张廷玉修《明史》的蓝本。《明史》本纪十六、二十四卷，志十五、七十五卷，表五、十三卷，列传百八十、二百二十卷，目录四卷，总计三百三十六卷，有事实正确之称。惜今存的《明史》，割裂剪裁，已失原稿之旧，深为可惜！）的后劲，所著《文史通义》，自谓开千古榛芜，论史旨、史料与作史方法，皆有卓见。崔述（一七四〇—一八一六）崛起幽燕，发愤典籍，“六经”以外，在在致疑。所著《考信录》一书，钩稽较析，务寻本真，今人称之为“科学的史家”，盖非溢誉！总之，前清一代，史籍著作固较唐宋为逊色，而史学、史法的研究和考证，顿发新彩，甚有裨益于治史的功绩。这是我人不能不承认的。自清世康熙、乾隆间编纂《明史》后，于是中国历代的正史，遂共成为二十四种。所谓“正史”者，乃纪传体的历史即平常的历史之义。而纪传体的历史，必历代沿作以为例，初非如其他的编年体历史及杂史别史之类，或作或不作之比，故此谓之“正史”。考其“正”字，乃“正闰”之“正”，而非“正伪”之“正”。这正史之名，始于《隋书·经籍志》列举《史记》以下至《陈书》《周书》六十七部，谓：“自是，世有著述，皆拟班、马，以为正史。作者尤广……今依其世代，聚而编之，以备正史。”至宋世，乃定正史为《史记》《前汉书》《后汉书》《三国志》《晋书》《宋书》《南齐书》《梁书》《陈书》《魏书》《北齐书》《周书》《隋书》《南史》《北史》《新唐书》《新五代史》十七史；明朝又加《宋史》《辽史》《金史》《元史》，是为二十一史；迨清高宗时，《明史》编纂完成，乃诏加《明史》及《旧唐书》为二十三史，施又加入《旧五代史》，遂成二十四史。另有称“二十二史”者，则于二十一史加入《明史》的。兹揭二十四史一览表于下，以代说明而资参考。

二十四史一览表

书　名	卷　数	撰　者	年代（西纪）
1.《史记》	130	前汉　司马迁	太古 — 前 122
2.《前汉书》	120	后汉　班固	前 206 — 西纪 24
3.《后汉书》	120	刘宋　范晔	西纪 25 — 220
4.《三国志》	65	晋　陈寿	220 — 280
5.《晋书》	130	唐　房乔等	265 — 419
6.《宋书》	100	梁　沈约	420 — 478
7.《南齐书》	59	梁　萧子显	479 — 501
8.《梁书》	56	唐　姚思廉	502 — 556
9.《陈书》	36	唐　姚思廉	556 — 580
10.《魏书》	114	北齐　魏收	386 — 556
11.《北齐书》	50	唐　李百药	550 — 577
12.《周书》	50	唐　令狐德棻等	557 — 581
13.《隋书》	85	唐　魏徵等	581 — 617
14.《南史》	80	唐　李延寿	420 — 589
15.《北史》	100	唐　李延寿	386 — 617
16.《旧唐书》	200	石晋　刘昫等	618 — 906
17.《新唐书》	255	宋　欧阳修、宋祁等	618 — 906
18.《旧五代史》	150	宋　薛居正等	907 — 959
19.《新五代史》	75	宋　欧阳修	907 — 959

（续表）

书　名	卷　数	撰　者	年代（西纪）
20.《宋史》	496	元　脱脱等	960 — 1279
21.《辽史》	116	元　脱脱等	916 — 1125
22.《金史》	135	元　脱脱等	1115 — 1234
23.《元史》	210	明　宋濂等	1206 — 1367
24.《明史》	336	清　张廷玉等	1368 — 1643

【第九章】

经学的变迁

欲研究本国的政治、历史、文学各方面，必须先对儒教根本的经学，有相当的了解和认识，始能寻出源泉，有所凭藉而着手。若经学不能彻底明了，则虽精通其他学问，而本国根本的思想，终不免有不彻底的观察，容易陷于错误的见解。

关于经学的大要，已在书籍章内说过，经学的“经”，为“经常”的“经”，是万古不变的学问；又为“经纶”的“经”，研究经纶天下的大道。由此推考，则对国人的尊崇经学，自可知其由来了。这种经学，有所谓五部的经典，即是《易经》《书经》《诗经》《礼》《春秋》。而经学有今、古文学派两大系统，古来争论不定，今欲推知其历代变迁的情态，特为分节说明在下。

第一节　今文学派的经书编纂说

今文学派的人，深信孔子为经书大成者。换言之，就是主张经学系于孔子大理想之下，整理成功，自经孔子的整理后，经学始告成立，故推尊孔子，无微不至。然古文学派的人，则谓经学大成者为周公，固然推尊孔子，而在孔子之上，尚极端推尊周公。如是今文学派的人，又出而争辩，说孔子作《十翼》（《彖》上、下，《象》上、下，《系辞》上、下，《说卦》《序卦》《文言》《杂卦》），非若后世注释家的注释，一向不加考究，而照样画葫芦的。又删定《书经》和《诗经》，系以一定的义例，与独得的大理想，不同后世编纂家的编纂文选，原本不变地编成。不若《春秋》，虽据杜预所说，是本周公笔法而作的，然与班固由司马迁的《史记》，仿作《前汉书》，绝对异趣。可见孔子是有其伟大思想的存在，不能随便抹杀其功绩。虽在孔子以前，已曾有《易》，但是伏羲文王周公的《易》，系由孔子的手，始生大意义而成经书。至尧舜以来诏敕布告文或古文歌谣类，也经孔子删定后，始成为经书。《礼》也是这样的，《周礼》《仪礼》同传说为周公的制作，也经孔子的取舍选择，始列入经书中。尤其《春秋》，为孔子大抱负的所在:“后世知我者其惟《春秋》乎?罪我者其惟《春秋》乎?”这是孔子自己所说的话。故如古文学派《左传》学者的主张,《春秋》文章的简略,系受鲁国史官由交际国所来文书,与自国所出文书,简记笔法的影响,其说之误,也可判明了。又汉后的人,把《春秋》看作一种历史,则孔子于历史之中,寓褒善贬恶的意味,其说的大误,更不待言了。总之,今文学派的人,确认孔子编纂经书,便利用经书,以宣传自己的大理想和主义,而构成经天纬地的大经纶。最近康有为一派,尚敷衍上述的意味,以孔子的素王,拟于释迦的空王,恰将佛教释迦的位置,来拟孔子的儒教,这是否果得孔子的真意,姑不必论,惟就今文学派的所说,取来一叙罢了。

第二节　经学传统的功劳者

经书既然编纂了,其流传为孔子的门人,固不待言。孔子门人三千以上,通六艺者七十二人,惟对经书流传有功的,则以子夏为最。子夏承传《易经》《诗经》,如汉代有名的《诗经》注解家大毛公、小毛公,即得自其五六传。至礼的方面,《仪礼》中的《丧服篇》,是由夏手所传出。《春秋》方面,《公羊传》著者公羊高,及《谷梁传》著者谷梁赤,也为其门人。他如孔子言行录的《论语》，也说是他与仲弓撰定的。又孔子之孙子思，出自孔弟子曾参门下，除《中庸》以外，《礼记》之中，尚传说有其著作。后在子思门下，造出孟轲之大贤人，一生致力宣传孔子的学说，为五经的精通者，尤其对于《诗经》《书经》和《春秋》，特殊有深刻的研究。宋时胡安国编《春秋胡氏传》，传说即根据孟子春秋说而构成的。在孟子之后，荀子传授经学之功，颇为著明。关于《诗经》方面的《毛诗》《鲁诗》《韩诗》三个系统，皆由荀子所传出。又《春秋》中的《左氏传》，由著者左丘明传至荀子，《谷梁传》也与其发生关系。又《礼记》中的《礼》《乐》，多出自荀子之手。《易经》的传统，也有相当关系。可见荀子实是传《易经》《诗经》《礼》《乐》《春秋》的大功劳者。其后有名的秦朝宰相李斯，由荀子门下所流出，因求文字与学问的统一，焚书坑儒，经学于以衰颓了。

第三节　汉武帝经学的采用

汉朝惠帝，为谋经学的复兴，乃废止秦代所发布挟书的禁律。至文帝时，实行奖励学问，一方面济南老儒伏胜等，把自已以前暗诵的经书，口授于人；另一方面，由孔宅故壁中发现隐匿的经书。且从这时代起，创立学校，设教授博士官。次至景帝，又次武帝，武帝是自古称为“秦皇汉武”的英主，立定方针，以经学为政府的学问，其建元五年，创置五经博士的大学，设易经、书经、诗经、礼记、春秋等科目，为明经学者受试验而登用的制度，由是经学复向勃兴的机运。当时解释五经者，有下列各学派：

《诗》
- 《鲁诗》……………………………申培
- 《齐诗》……………………………辕固生
- 《韩诗》……………………………韩太傅

《易》………………………………田何
《书》………………………………伏胜
《礼》（《仪礼》）…………高堂生

《春秋》
- 《公羊传》…………………………董仲舒
- 《谷梁传》…………………………胡毋生

第四节　古文学派兴起

在上所述，皆属今文学派，所谓一经专门之学，墨守师授所传，口授大义微言。但从此以后，渐有创立一家学说之人，以其学说别立大学科目。至前汉末叶，在篡夺前汉的王莽帷幕内，有刘歆大学者，他对于前述的今文学派外更以古文学派的经书，加入大学为科目。至古文学派所尊奉的经书如下：

《诗》…………………毛公
《书》…………………古文《尚书》
《易》…………………费氏
《礼》…………………《周礼》
《春秋》………………左氏

这等经书，以武帝设五经博士以后，始发现于世间，其中古文《尚书》取自孔子故宅的壁中，《周礼》出自前汉末的秘府，《春秋左氏传》得自鲁的共王。当时大学博士，以为从来大学的学问，仅限于今文学经书，刘歆突然把古文学加入大学，颇不适宜，乃群起而反对之，然卒以王莽、刘歆的威力，硬把古文学加入大学了。迨后汉光武帝，中兴汉室，又废除大学的古文学，这是今、古文两学派的重大轧轹。其后古文学派，产出贾逵、马融等学者，与今文学派截然相分，大有据叠对峙的情态。

自前汉武帝至后汉末叶，为经学极盛的时代，其间屡出尊奉经学的帝王、宰相和儒者，受官禄而就学的大学生，非常繁盛，总数竟达三万以上。且后汉之时，当施政方针发生疑难，每以《春秋》之义而下断案，上自宰相，下至判吏，皆须精通经书一种。因此后汉的学风，乃一转变前汉的质朴，带来极细而赘见的倾向。同时汉大成的郑玄出幕了。

第五节 郑玄的今、古文学统一

在后汉末叶，郑玄诞生于世，承古文学家贾逵、马融之学，又兼学今文学，卒为今、古文学调和统一的大家，史称经学以来第一人。他将《周易》《尚书》《毛诗》《仪礼》《礼记》《周礼》《论语》《孝经》等，各加注解，如是两汉专门之学衰亡，仅这调和统一今、古文学的郑玄学问独行于世，这可算是经学史上的一大变化。且彼时适际蜀、魏、吴的三国战争，求学的人，次第减少，恰与郑学的勃兴成反比例，而学术衰微不振了。

嗣后有魏的王肃者，出为郑玄的学敌。王肃原和郑玄同出自古文学派，然竟猛起反驳郑玄，除伪造前汉孔安国所注释的《尚书传》《论语》《孝经》外，又伪作《孔子家语》《孔丛子》等书，本自己的主张，致学说的证据。王氏为晋武帝的外祖，故其学问盛行于晋代；而郑玄的学问，则一蹶而衰了。晋后因五胡十六国的战乱，甚少学者产生，书籍极端散失，汉初置诸大学的今文学，完全扫地而衰亡了。在这时代，稍堪注意的人，则为注释《易经》的王弼，注释《论语》的何晏，及作《春秋左氏传注疏》的杜预等。

第六节　南学与北学

自晋后至南北朝并立时，经学又产生南学、北学的派别，可以划为经学的一转期。至这南北朝的南学与北学，区别如下：

南学	北学
《易》…………王弼	《易》…………郑玄
《书》…………孔安国	《书》…………郑玄
《春秋》（《左传》）…杜预	《礼》（《礼记》）…郑玄
	《诗》…………毛公
	《春秋》（《左传》）…服虔

南学用王弼杂入老庄思想的《易经》、王肃伪造孔安国传的《书经》等，与两汉时所流行的学问，极端差异。当时流行老庄的学问，有加重词章的倾向，所写经书注解的文章，甚为巧妙。至北学方面，无甚特创之点，总以郑玄的学风通行，推尊汉学为正派。后来北魏道武帝、太武帝，皆以帝王而好经学，因此经学又比较地流行于世了。迨至统一南北朝的隋，政治系由北朝出而统一，而经学却是南朝并合北朝的相反现象。

第七节　唐太宗的经学统一

由隋至唐，唐太宗目睹经学种种的异说，甚非良好现象，乃命孔颖达诸位名儒，拣选五经的注解，这便是有名的《五经正义》。自这《正义》出世后，直至宋代数百年间，均呈经学统一的现象，为自汉以来所未有的盛况，可算是经学的又一转机。《五经正义》中，《易经》为王弼，《书经》为孔安国，《诗经》为郑玄，“三礼”中的《周礼》《仪礼》《礼记》也为郑玄，“春秋三传”中的《公羊传》为何休，《谷梁传》为范宁，《左传》为根据杜预注疏而编纂的。惟这《正义》中的《周礼》《仪礼》与《公羊传》《谷梁传》等，在出世后的未久，便无人去研究，殆有废绝之势。

第八节 宋代经学注释的交迭

经学传到宋代，又向衰颓的机运，凡奉经学的人，墨守古来解释。但至北宋仁宗时，骤呈风气一变的征候，由学界思辨批评的结果，经学不以古来解释法为满足，发生新解释法的需求，如是经学大起变化。在王安石《三经新义》（《周礼》《诗》《书》）出幕之间，更为其大变迁时代。盖当时王安石将所著新义，取为文官试验的课题，一般读书求进的人，乃群向这路进行，遂促成经学的大变迁。

北宋为经学新陈代谢的时代，经学注释的交迭，甚形发达，王弼的《易传》与程伊川的《易传》交迭，《书经》的《伪孔传》（王肃）与蔡沈的《书传》交迭，《诗经》的《毛传》和《郑（玄）传》与朱子的《集传》交迭。至“春秋三传”中的《公羊》《谷梁》二传，此时业经绝迹，只一《左氏传》流行于世。又有胡安国者，承孟子“尊王攘夷”的传统，新著《胡氏传》。他若“三礼”的《周礼》《仪礼》《礼记》，专向义理上发议论，有强引宋代仪式近于夏、殷、周三代仪式习惯的形迹。不过世间通行的《礼》，系朱子的《仪礼经传通解》。总之，宋人不信汉唐经学的注解，群事经书本文的解释，如遇经书的意义不解时，遂自行移动或修改字句。这种现象，固可说是经学的进步，然谓为经学的大厄，也无不可。

当王安石著《三经新义》，为文官试题之间，经学起大变化，发现种种新说。同时受试验的官吏，力求发现经书新解释，以谋试验及第，如是立新炫异，产生浮薄轻躁的倾向。王安石的《新义》，虽至南宋废止，而其试验方法，依然使用，直到元后，尚多依其办法，故经学日益衰颓了。不过在南宋时代，有宋学大成的朱熹出幕，与郑玄大成学同一立场。惟宋学系融合佛、道教的一种哲学风味，与经学多少异趣。

灭亡南宋而统一全国的元朝，在元仁宗时，定科举法，其《易经》用《朱子本义》，《书经》用《蔡沈（朱子门人）集传》，《诗经》用《朱子集传》，《春秋》用胡安国《胡氏传》，可算是朱子学全盛的时代。在此有一饶富趣味的现象，就是隋由北方起而平定南方，而经学系由南方学问并合北方学问，这元朝也由北方起而平定南方，经学也由南方朱子学统一北方学界，由此考察，实可谓得一结论：北方胜于兵力，南方胜于学问。

第九节　明成祖《五经大全》的敕修

驱逐元朝而统一全国的明，在成祖永乐年间，踏袭唐太宗纂辑《五经正义》而谋经学统一的政策，乃敕修《五经大全》。惟这《五经大全》，因不得学者的好评，至今殆无取读的人。至在明代盛行的，有王守仁的阳明学，祖述宋朝陆象山学风，只因其讨论事情，多超出经学的范围，姑不具论。

第十节　清朝经学的复兴及其四变

清朝由北方满洲起而统一全国，为制驭汉民族起见，必须使尊重其所尊重的经学，故康熙帝、乾隆帝，皆一再敕选经书的注解。这种经学的勃兴，一方面固因朝廷的促进为动力，然尚有其他大原因的存在，即由宋后衰颓的经学，又转到复活的时期了。在明末清初，辈出王夫之（船山）、顾炎武（亭林）、黄宗羲（梨洲）等学者，开并取汉学与宋学的学风。经过不久时间，阎若璩（百诗）也出现了。迨至乾隆以后，惠栋（定宇）、戴震（东原），出而弃宋学，以汉学为标榜，是为汉学的复兴。而通览清朝的经学，共起四次变化。清初以宋学的根柢，产生汉学的端芽，所谓汉宋兼采之学。乾隆之后，以许慎、郑玄的古文学为主，汉学风行，研究《说文》的人日多，而研究宋学的人，则渐次减少了。迨到嘉庆、道光年间，追溯后汉的古文学，而复兴前汉的今文学，尊重《公羊》《谷梁》的《春秋》，《鲁诗》《齐诗》《韩诗》的《诗经》，伏胜的《书经》，在魏晋时代所亡佚的前汉今文学，至此又再流行于人世了。传至清末，康有为一派，采用今文学《公羊》的意义，参入西洋学说，以图改革国政，不幸卒归失败。至张之洞（香涛）殁后，虽有陈宝琛、梁鼎芬、刘廷琛诸遗老，而经书全呈不振的状态。后来清帝退位，民国成立，纯粹吸收西洋的新思想，经学遂无人过问了。

主要参考书

今关寿麿著　《支那人文讲话》

今关天彭等著　《东洋画论集成》

渡边秀方、近藤润次郎合著　《支那文学思想史》

高桑驹吉著　《支那文化史》

中山久四郎著　《支那人文思想》

稻叶著　《支那社会史》